Henning Köhler
Vom Wunder des Kindseins

Praxis Anthroposophie 66

Praxis Anthroposophie – Dialoge, Initiativen, Entwürfe:
Taschenbücher, die die Welt nicht nur als bestehende erfassen,
sondern sie auch vorausdenkend weiterentwickeln möchten.

Über das Buch:
Henning Köhler macht in diesem Buch darauf aufmerksam, wie wichtig
es besonders heute ist – und immer schon war –, wirklich Kind sein zu
können. Dies gilt in besonderem Maße auch für die so genannten «Sorgenkinder», denen er sich in seinen Überlegungen zum Thema Therapie,
Erziehung und Heilung im zweiten Teil dieses Buches widmet: «Die Kraft
des Verstehens ist die eigentlich heilende Kraft. Alle Maßnahmen sind
sinnlos, wenn nicht die Kraft der Liebe wirkt. Und Liebe ist nicht etwas
Verschwommenes und Sentimentales ... Liebe heißt zunächst nämlich
einmal Interesse. Und Interesse, Aufmerksamkeit sind Qualitäten, die
man erringen kann. Das ist der Dreh- und Angelpunkt in der Heilpädagogik, dass wir vor allen so genannten Maßnahmen eine nie nach-
lassende Übungskultur der Aufmerksamkeit pflegen, und dies, wenn es
geht, gemeinschaftlich tun.»

Über den Autor:
Henning Köhler, geboren 1951, arbeitet als Heilpädagoge in ambulan-
ter Praxis in dem von ihm mitbegründeten Janusz-Korczak-Institut in
Wolfschlugen bei Stuttgart. Neben seiner therapeutischen Arbeit ist er
vielerorts als Redner tätig und hat schon zahlreiche Bücher veröffent-
licht, so u.a. *Jugend im Zwiespalt; Die stille Sehnsucht nach Heim-
kehr; Vom Rätsel der Angst; Von ängstlichen, traurigen und unruhigen
Kindern; Schwierige Kinder gibt es nicht; Was haben wir nur falsch
gemacht; Vom Ursprung der Sehnsucht; War Michel aus Lönneberga
aufmerksamkeitsgestört?* und das Kinderbuch *Der Geschichtenkönig und
das Sternenkind.*

Henning Köhler

Vom Wunder des Kindseins

Mit Fotos von Charlotte Fischer,
Olaf Schlote und Wolfgang Schmidt

Verlag Freies Geistesleben

1. Auflage (erweiterte Neuausgabe) 2003

Eine erste Ausgabe mit dem Vortrag
«Vom Wunder des Kindseins» erschien 2000.
Verlag Freies Geistesleben
Landhausstraße 82, 70190 Stuttgart
Internet: www.geistesleben.com

ISBN 3-7725-1266-6

Inhalt

Vom Wunder des Kindseins   7

Die Idee der Kindheit. Welchen Auftrag
     bringen Sorgenkinder mit?   71

Vom Wunder des Kindseins

Seit gut zehn Jahren bin ich vortragend und lehrend als Anwalt der so genannten «schwierigen» oder «verhaltensgestörten» Kinder unterwegs, seit zwanzig Jahren auf diesem Gebiet beruflich tätig, und man macht sich nicht nur Freunde, wenn man versucht, neue Sichtweisen auf dieses Thema anzubieten.* Ich möchte meinen Ausführungen, bevor ich dann auch über mein Arbeitsfeld einleitend etwas sage, eine These vorausschicken, von der ich hoffe, dass sie sich im Verlaufe meiner Darstellung ein wenig erhellen wird. Es ist eine sehr schlichte These, vielleicht finden viele von Ihnen das selbstverständlich, vielleicht finden es andere fragwürdig. Ich behaupte, dass ein Mensch, der die Welt betritt, ein Mensch, der geboren wird, zunächst so ausgestattet ist, dass er nichts Böses an sich und in sich hat. Wenn es eine Kurzdefinition von «böse» gibt, auf die man sich einigen kann, dann wäre das der Trieb zur Destruktivität. Und zwar destruktiv in dem Sinne, dass ein Mensch, statt seine Fähigkeiten und Kräfte in irgendeiner Weise konstruktiv im mitmenschlichen Leben, im sozialen Miteinander einzu-

---

* Dem Text liegt ein Vortrag zugrunde, der 1998 vor der Montessori-Gesellschaft in Österreich gehalten wurde.

7

setzen – aus welchen Gründen auch immer – in eine Lage kommt, in der er seine Fähigkeiten und Kräfte zum Nachteil anderer einsetzt. Wenn dies geschieht, wenn also ein Mensch im späteren Leben, vielleicht schon als Schulkind oder als Jugendlicher, seine Kräfte und Fähigkeiten zum Nachteil seiner Mitmenschen einsetzt, dann heißt das, dass der betreffende Mensch keine Möglichkeit gefunden hat bis zu diesem Zeitpunkt (oder schon einmal vorhandene Möglichkeiten ihm wieder abhanden gekommen sind), seine Kräfte und Fähigkeiten sinnhaft, und das heißt immer: zuträglich für das menschliche Zusammenleben, einzusetzen. Als Indiz für die Wahrheit dieser These kann eine Beobachtungstatsache angeführt werden, die jedem aufmerksamen Pädagogen auffällt. Es gibt für Kinder, und zwar für jedes Kind, nichts, worauf es stolzer wäre, als die Dankbarkeit eines anderen Menschen. Dankbarkeit für etwas, was das Kind aus seinem Innersten geschöpft und geschenkt hat. In keiner anderen Situation kann man so elementar und so überwältigend erleben, wie ein Kind wächst, aber nicht wächst im Sinne einer Selbstgefälligkeit oder im Sinne einer Eitelkeit, sondern wirklich als Persönlichkeit wächst. Die Situation, in der ein Kind die Möglichkeit gefunden hat, etwas aus sich Geschöpftes, etwas aus eigenem Antrieb Geschaffenes einem anderen als Geschenk darzubringen, und erlebt, wie dieser andere Mensch sich darüber freut, ist unmittelbar persönlichkeitsstärkend. In diesem Augenblick hat man das Gefühl, die Kinder machen manchmal innerhalb von Minuten einen regelrechten Entwicklungssprung. Wenn das Kind echte Dankbarkeit spürt beim anderen, wenn also nicht gleich so eine kritische Stimmung aufkommt, wie es ja oft geschieht – «Na ja, das Bild ist ja ganz schön», sagt dann vielleicht der Lehrer, «aber die Menschen, die könntest du schon noch ein bisschen genauer malen» –, wenn nicht sofort dieses «Wenn» und «Aber» einsetzt, sondern das Kind erlebt, es wird wirklich die Grundgebärde gewürdigt: Ich hab' mich bemüht, etwas Schönes für dich zu machen, das überreich' ich dir jetzt – dann kann man den Eindruck haben, Kinder machen förmlich einen Entwicklungssprung in diesem Moment.

In dieser Stimmung erscheinen sie wie innerlich aufgerichtet. Da sind sie ganz bei sich. Und ich denke, das, was man da spürt, was einem die Kinder da zeigen, das verweist uns auf eine tiefe Wahrheit, der wir von verschiedenen Seiten her heute ein bisschen nachspüren wollen.

Es geht im weitesten Sinne um die Frage, was eigentlich ein sinnhaftes Dasein ist und was pädagogisch notwendig wäre, damit wir Kindern eine Umgebung schaffen, in der sie so aufwachsen können, dass sie ihr Leben mehr und mehr im Zuge ihres Bewusstwerdens für die Welt und für sich selbst als ein sinnvolles Leben erfahren können.

Es wird viel gesprochen von Harmonie. Es wird viel davon gesprochen, ein Kind solle gesund und möglichst konfliktlos aufwachsen. Man hat manchmal (ich sage das, ohne jemandem zu nah treten zu wollen) so einen fadenscheinigen Begriff von Ausgeglichenheit, Gesundheit, seelischer und körperlicher Fitness und allgemeiner Zufriedenheit mit sich und der Welt, die man für ein erstrebenswertes Ziel hält, ohne die Sache einmal kritisch zu betrachten. Betrachtet man die Sache ein bisschen näher, indem man sich z.B. mit den Biografien von Menschen beschäftigt, die erkennbar ein sinnhaftes, reiches Leben geführt haben, nämlich ein vielleicht strapaziöses, aufwühlendes, aber schöpferisches Leben, dann wird man sehr häufig feststellen, dass diese Menschen in ihrer Kindheit und Jugend alles andere als harmonisch und ausgeglichen waren!

Also, die Sinnfrage – und die scheint mir die entscheidende – ist keineswegs beantwortet, wenn wir Maßnahmen ersinnen, pädagogischer oder therapeutischer Art, die den Menschen, wenn ich an dieser Stelle James Hillman zitieren darf, «mit sich und seinem Weißbrot zufrieden sein lassen». Bevor wir diese Spur weiter verfolgen, möchte ich, wie versprochen, ein paar einleitende Sätze zu dem Arbeitsfeld sagen, aus dem heraus ich spreche.

Ich arbeite in einem Therapeutikum, und wer nicht weiß, was das ist, dem sei es kurz erklärt: Das ist eine

ambulante therapeutische Arbeitsstätte, in der Ärzte, Psychologen und Therapeuten der verschiedensten Fachrichtungen unter einem Dach zusammenarbeiten, um Kindern, Jugendlichen und Erwachsenen in allen nur erdenklichen Lebenskrisen und leidhaften Situationen zu helfen. Innerhalb dieses Therapeutikums, das wir vor jetzt genau zwölf Jahren in Süddeutschland gegründet haben, bin ich zusammen mit einer Reihe von Mitarbeitern im Bereich der Kinder- und Jugendtherapie tätig. In allen möglichen Situationen, in denen man noch nicht den Eindruck hat, hier müsse jetzt vor allem ein Arzt mit Medikamenten eingreifen; in denen man noch nicht den Eindruck hat, das Kind müsse vollstationär irgendwo betreut, aus seinem Lebenszusammenhang herausgerissen, in eine Klinik oder in ein Heim verfrachtet werden, solange das noch nicht der Fall ist, sind wir zuständig. Wir fühlen uns im Übrigen auch zuständig dafür, für die Kinder zu kämpfen, denen eine verfrühte und voreilige Pathologisierung droht. Das ist, nebenbei bemerkt, eine Sache, die mir sehr große Sorgen macht, zunehmend Sorgen macht. Die Unart, dass man Kinder, die sich nicht erwartungsgemäß verhalten oder entwickeln, in Schubladen von bestimmten diagnostischen Begriffen steckt, die eben Krankheitsbegriffe sind, ist weit verbreitet. Man muss diese Zeittendenz beobachten, sehr wachsam beobachten, und ich denke, alle Menschen, die im pädagogisch-therapeutischen Bereich neue

Perspektiven suchen, sollten sich hier wehren. Diese Zeittendenz ist erschütternd und Besorgnis erregend. Stichwort: «Pathologisierung» des besonderen, des nicht der Durchschnittsnorm entsprechenden Kindes! Da immer mehr und mehr Kinder sich nicht der entwicklungspsychologischen Norm entsprechend verhalten – die Gründe dafür sind vielfältig –, werden natürlich auch immer mehr und mehr Kinder pathologisiert, treten also ihren Lebensweg mit dem Stigma «Persönlichkeitsstörung» an. Das ist keine Kleinigkeit. Hier zu helfen, in so vielen Fällen wie möglich den Eltern, den Lehrern, den Kindergärtnerinnen und Erzieherinnen, auch den Ärzten, wenn welche im Spiel sind, eine andere Art des Sehens zu eröffnen, das betrachten wir als eine wichtige Aufgabe. Und ich kann Ihnen verraten, es ist eine aufreibende und manchmal auch eine deprimierende Arbeit, die man da im Hintergrund der eigentlichen heilpädagogischen Bemühungen zu leisten hat. Trotzdem muss man es versuchen. Und über diesen neuen Blick, über die Möglichkeit einer neuen Sichtweise auf «deviantes», also abweichendes kindliches Verhalten, will ich einiges sagen.

Sie haben durchgehört durch meine Worte, dass ich nicht davon ausgehe, bei einem Kind, das uns Sorgen macht, das uns pädagogisch vor Probleme stellt, müsse unter allen Umständen etwas vorliegen, was in irgendeiner Weise mit einem Erziehungsfehler oder einer Entwicklungsstörung zu tun hat. Ich glaube sogar, dass in viel mehr Fällen, als wir denken, diese voreilige Vermutung, es liege Erziehungsversagen oder eine Entwicklungsstörung vor, sobald sich ein Kind ungewöhnlich benimmt, einen Teufelskreis in Gang setzt; dass in vielen Fällen erst diese Vermutung und alles, was aus ihr folgt, zu den wirklich krank machenden Prozessen führt. Wir sagen manchmal, das Kind komme dann in eine therapeutisch-pädagogische Mühle. Das Kind wird dann von Hand zu Hand gereicht, von Experte zu Experte. Die Eltern werden immer mehr verschüchtert, immer mehr verbittert. Die Lehrer greifen die Eltern an, weil sie nicht wahrhaben wollen, dass es vielleicht gar nicht an den Eltern liegt. Die Eltern greifen die Lehrer an und sagen trotzig: «Die Schule macht unser Kind kaputt. An uns liegt es nicht!» Jeder greift jeden an. Und beim Kind verdichtet sich das Gefühl: Ich bin überhaupt nichts wert. Alle Welt regt sich darüber auf, wie ich bin. Alle Welt überlegt und berät, was unternommen werden müsse, um mich zu ändern! – Diese Atmosphäre verdichtet sich um ein Kind, wird enger und enger, schnürt das Kind ein. Und wir dürfen nicht glauben, wenn wir das vor einem Kind nicht offen, sondern hinter verschlossenen Türen verhandeln, dass das Kind dann nichts davon bemerken würde. Die Kinder bemerken das sehr wohl. Kinder haben ein unerhörtes Sensorium für das, was die Erwachsenen um sie herum denken, fühlen und miteinander verhandeln. Sie haben ein Wahrneh-

mungsvermögen für die Feinheiten der Mimik, für die Feinheiten der Gebärdensprache, der Stimmlage, der ganzen Haltung, der ganzen Körpersprache der Menschen um sie herum. Da brauchen sie gar nicht direkt mitzuhören.

Unser Institut heißt Janusz-Korczak-Institut. Janusz Korczak ist sicherlich allen hier Anwesenden bekannt. Er hat gelebt von 1879 bis 1942. Er war Arzt, er war Künstler, nämlich Dichter, und er war Pädagoge. Wir haben unserem Institut den Namen dieses Mannes nicht so sehr deshalb gegeben, weil wir irgendwie Anhänger seiner Erziehungstheorie wären. Er hat eigentlich gar keine Erziehungstheorie entwickelt, sondern es ist eine narrative, erzählende Pädagogik mit einem unerhört liebevollen, aber auch nüchternen Blick auf das Kind. Er war ein Mensch, der mit einer unerhörten Genauigkeit auf Kinder hingeschaut hat. Aber was uns veranlasst hat, ihn als Namenspatron zu wählen, das war in erster Linie die Tatsache, dass er, wie Sie alle wissen, mit frappierender Konsequenz die Liebe zum Kind als sein Lebensthema gewählt und dieses durchgehalten hat, bis zum Tod.

Er ist, obwohl ihm die Nazis damals im Warschauer Ghetto, wo er ein Kinderheim führte, freies Geleit zusagten, bis zum bitteren Ende bei seinen «Schäfchen» geblieben. Als sie die Kinder auf dem Umschlagplatz zusammentrieben, um sie in Waggons nach Treblinka zu verfrachten, da ist er trotz des Angebots, abziehen zu dürfen, mit den Kindern gegangen, und man hat ihn dann nicht mehr wiedergesehen, sodass man mit größter Wahrscheinlichkeit davon ausgehen muss, dass er in Treblinka umgekommen ist.

Es gibt aber noch drei andere Gesichtspunkte, die für Korczak sprechen und die mich und meine Mitarbeiter verehrungsvoll hinschauen lassen zu Janusz.

Das ist erstens der bei ihm zu entdeckende entschieden *individualistische* Ansatz, die entschiedene individualistische Auffassung in seiner Pädagogik. Ich meine damit, dass Korczak – deswegen hat er auch kein Theoriegebäude aufgestellt – nicht müde wurde zu sagen: *Die* Kinder in einer so allgemeinen Form gibt es eigentlich gar nicht! Es gibt eine Kindheit, und für jedes einzelne Menschenkind ist das etwas ganz anderes, etwas ganz Besonderes, etwas ganz Einzigartiges und Unverwechselbares. Und wir verstehen niemals «die Kinder», sondern immer nur das jeweilige Kind, das uns anvertraut ist, in dem Augenblick, wo wir es anschauen. Diesen individualistischen Ansatz habe ich mir zu Eigen gemacht; es ist geradezu mein Lebensthema, diese Auffassung in der therapeutischen Arbeit mit Kindern zu beherzigen, also von Schablonen, entwicklungspsychologischen Normvorstellungen immer dann abzusehen – man muss sie ja nicht gleich ganz über Bord werfen –, wenn ich ein Kind vor mir habe und mit dem Leid eines Kindes konfrontiert bin. In diesem Augenblick interessiert es mich nicht, wie ein Kind zu sein «hätte». In dieser Situation interessiert mich nur, was für ein Mensch da vor mir steht. Was spricht aus diesem Leid? Welche chiffrierten, missverstandenen Botschaften kann ich vielleicht durch meine erhöhte und ausdauernde Aufmerksamkeit entschlüsseln? Kann ich dem Kind dadurch helfen, dass ich zu verstehen versuche, was es mit seinen merkwürdigen Verhaltensweisen eigentlich zum Ausdruck bringen will? Diese individualistische Betrachtungsweise hat Korczak mit einem *Gleichberechtigungspostulat* verknüpft – das war für die damalige Zeit revolutionär, und ich würde sagen, das ist es heute immer noch, obwohl man als Lippenbekenntnis so etwas natürlich oft hört. Wie Maria Montessori bestand auch Korczak darauf, dass das Kind den Erwachsenen völlig gleichzustellen sei, oder wie er es ausdrückte: Das Kind soll nicht erst ein Mensch werden. Es ist schon ein Mensch. In vollgültigem Sinne. Und wenn Korczak sagte «ein Kind», dann meinte er auch ein Neugeborenes in der Wiege! – Ein Baby ist seelisch und geistig ein vollgültiger Mensch! Ohne Abstriche!

Das Zweite, was ich, ich darf durchaus sagen, übernommen habe von Korczak, ist das Motiv des *Respektes vor dem Schicksal*. Korczak hat keinen Schicksalsbegriff entwickelt, das heißt, er hat sich nie darüber geäußert, was das denn eigentlich heißen könnte, dass ein Mensch ein eigenes Schicksal hat. Soweit ging er nicht. Er sprach dann in Metaphern. Er

sagte: Das Neugeborene ist wie ein Blatt, das mit tausend kleinen Hieroglyphen beschriftet ist, von denen wir viele nicht entziffern können. Aber dann weicht er ein bisschen aus an dieser Stelle und verliert sich in Bildern von Ahnen und Gräbern und unendlichen Vergangenheiten von Vätern und Urvätern. Also man merkt, dass an der Stelle, wo er den Schicksalsbegriff versucht zu fassen, auch sein Fassungsvermögen zu Ende ist, und ich meine, das dürfte wahrscheinlich uns allen so gehen. Nichtsdestoweniger hatte er diesen unerhörten Respekt vor dem Schicksal. Und zwar in einem solchen Maße, dass er die Aussage riskierte: «Jedes Kind hat das Recht auf den eigenen Tod.» Das ist eine der rätselhaftesten Aussagen von Korczak, die er ebenfalls nicht im Einzelnen erläutert. Meditationsstoff. Ich meine, dass sein geradezu heiliger Respekt vor dem Schicksal des Menschen hier besonders zum Ausdruck kommt. Er wollte sagen: Man muss die Sache so weit treiben, dass man sich klar macht als Erzieher: Wenn es das Schicksal so will, dass ein Mensch vorzeitig sein Leben lassen muss und eben nicht friedlich an Altersschwäche stirbt, dann ist das etwas, wovor man Respekt haben sollte und woran man nichts ändern kann. Und man dürfe nicht glauben als Erzieher, dass man Einfluss hätte auf diese Dinge. Jedes Leben hat sein Maß! Sie sehen daran, wie radikal Korczak manchmal war. Das Recht des Kindes auf den eigenen Tod!

Das Dritte, was hervorsticht, ist die Dankbarkeitsforderung. Korczak hat gefordert, nein, er hat nicht gefordert, er hat eigentlich nie gefordert, er hat gefragt: «Kann es denn sein, dass ein Erzieher dem Kinde nicht dankbar ist?» Das schien ihm etwas völlig Unglaubliches, dass es möglich sein könne, dass ein Erzieher dem Kind nicht dankbar ist! Sie wissen alle, dass in Bezug auf die Dankbarkeitsfrage in Eltern, in Lehrern, in Kindergärtnern, in uns Therapeuten – ich schließe mich da vollständig ein – manches im Argen liegt. Sind wir ehrlich, ertappen wir uns auf Schritt und Tritt dabei, dass wir nicht etwa Dankbarkeit dem Kind gegenüber empfinden, sondern verstimmt sind, weil die Kinder uns für unsere Erziehungsbemühungen nicht die gebührende Dankbarkeit erweisen. Korczak hielt dagegen: «Die Kinder schulden uns keine Dankbarkeit dafür, dass wir sie erziehen! Vielmehr haben wir ihnen dankbar dafür zu sein, dass sie sich uns anvertrauen und unser Leben mit Licht erfüllen!»

Ein anderer wichtiger Gewährsmann unserer Arbeit und meiner Bemühungen ist Rudolf Steiner, der Begründer der Waldorfpädagogik, der das Dankbarkeitsmotiv ebenfalls in den Mittelpunkt seiner pädagogischen Überlegungen stellte. Dankbarkeit dem Kind gegenüber, sagte er, sei eine «goldene Grundregel der Erziehungskunst». Korczak hat die bis in die letzte Konsequenz getriebene Liebe, den bis in die letzte Konsequenz getriebenen Respekt vor der Individualität des Kindes vorgelebt und dies als Vermächtnis der Nachwelt hinterlassen. Es gibt aber noch etwas, worauf ich hinweisen möchte: die immer wieder bei Korczak aufblitzende «Kindheitsidee». Kindheit sei etwas Universelles sagt er, nicht nur eine Altersangabe. Es sei einer der schlimmsten Fehler anzunehmen, die Pädagogik sei die Wissenschaft vom Kinde und nicht die Wissenschaft vom Menschen.

Gehen wir zurück zu dem ersten Punkt des individualistischen Ansatzes in der Pädagogik. Rudolf Steiner hat diesen bei Korczak anzutreffenden individualistischen Ansatz radikal erweitert und zu Ende gedacht. Dabei ist er zu Ergebnissen gekommen, die zunächst so erstaunlich sind, dass wir sie nicht einfach ungeprüft annehmen können. Ich finde, dass man Steiners Idee vorurteilslos prüfen, aber nicht einfach nachbeten sollte. Menschen, die wie ich aus der anthroposophischen Richtung kommen, haben es manchmal an sich, dass sie in einer belehrenden Art fordern, man solle Rudolf Steiners Angaben wie die Heilige Schrift rezipieren. Ich bin überhaupt nicht dieser Meinung. Ich bin aber der Meinung, man müsse vieles, was er gesagt und geschrieben hat, ernstlich prüfen, auch wenn es völlig ungewohnt klingt. So zum Beispiel die Art und Weise, wie er den individualistischen Gedanken zu Ende geführt hat, die Art und Weise, wie er mit einer gewissen Radikalität feststellte: Es gibt entweder wirklich und in der Tat eine Individualität oder nicht! Machen wir hier kein «Wischiwaschi»! Entscheiden wir uns! Wenn es wirklich eine Individualität gibt, wenn also ein Kind von Beginn seines Lebensweges an ein ganz eigenes, unverwechselbares Wesen ist, dessen Eigensein wir zu respektieren haben, dann kann es nicht zutreffen, dass ein Kind als unbeschriebenes Blatt zur Welt kommt! Diese beiden Voraussetzungen sind inkompatibel.

Nun wird vielleicht mancher bei sich denken: Wer spricht denn heute noch von der «Tabula rasa»? Heute spricht doch alle Welt vom genetischen Programm! Nun, eine Programmierung ist keine Individualität. Auch hier muss man sich entscheiden. Die genetische Programmierung gibt einen gewissen Rahmen vor. Gewisse Tendenzen, gewisse Strukturmerkmale der Persönlichkeit sind insofern anlagebedingt. Das ist unbestreitbar. Der Begriff «Tabula rasa» zielt hingegen auf die Umweltprägung. Er zielt auf das «leere» Bewusstsein, in das sich Erfahrungen einschreiben, auf das Lernen durch Erfahrung. Wenn aber der Mensch erstens eine leere Bewusstseinstafel und zweitens eine genetische Diskette ist und sonst nichts, dann ist er, das gebietet einfach die Logik, keine Individualität, sondern

1. ein erbbiologisch determiniertes bzw. programmiertes Wesen und

2. ein durch Umwelteinflüsse geprägtes bzw. programmiertes Wesen.

Doppelte Programmierung! «Eigenes» ist da nicht! Es

sei denn, man zieht sich auf den wunderlichen Standpunkt zurück, das mische sich auf eine geheimnisvolle Weise zur «Individualität»; zwei Fremdeinwirkungen mischten sich auf geheimnisvolle Weise zu etwas ganz Eigenem. Steiner hingegen sagte wieder und wieder: Das ganz und gar Eigene des Kindes ist ein *Drittes*, jenseits von Vererbung, also genetischer Ausstattung, und Umweltprägung, «jenseits» davon und doch eng damit verwoben. Und dieses «Dritte» müsse zum zentralen Forschungsgegenstand der pädagogischen Wissenschaft und überhaupt der Anthropologie werden, sozusagen in der nächsten Kulturepoche, in der das rein materialistische Menschenbild abgelöst werden wird durch ein spirituelles.

Für dieses «Dritte» ist sozusagen die Wissenschaft noch blind. Diesbezüglich steckt sie noch so in den Kinderschuhen, wie sie vor zwei, drei Jahrhunderten in Bezug auf die Genetik in den Kinderschuhen steckte. Rudolf Steiner also gab zu bedenken: Im Kinde ist ein autonomer biografischer Richtungsimpuls, eine Motivation sui generis neben der genetischen Ausstattung und dem Erziehungs-/Umwelteinfluss wirksam. Nur wenn wir dies einräumen, können wir das Kind tatsächlich würdigen als eine im Sinne Korczaks von Anfang an gleichberechtigte Person. Andernfalls bleibt das Gleichberechtigungspostulat ein Lippenbekenntnis. Selbstverständlich fordert dieser Gedanke den Respekt vor dem Schicksal. Er schließt den Respekt vor dem Schicksal (das Zweite, was Korczak so stark betont) selbstverständlich ein. Das Recht des Kindes auf ein *eigenes* Leben, wozu auch der *eigene* Tod gehört, ein *eigenes* Schicksal mit allen Höhen und Tiefen; das Recht des Menschen auf Achtung *auch* der Leiden, *auch* der Konflikte, die er auf der Suche nach *seinem* Lebensthema, auf der Suche nach sich selbst (!) durchzustehen hat. Das ist es, was zu fordern ist, im Unterschied zu diesem fadenscheinigen Harmoniebegriff. Was will ein Mensch hier auf dieser Welt? Was sagt ihm sein Engel? Den Mythos des «Engels», des schicksalsführenden Wesens wiederzubeleben, fordert neuerdings z.B. James Hillman.[*] Das ist sozusagen ein Dissident der Jungschen Schule, der immer wieder durch provokante Bücher auf sich aufmerksam macht und ein neues Menschenbild fordert.

Wer in diesem Zusammenhang der Frage nach dem «eigenen Tod» nachgehen möchte, findet einen spannenden literarischen Stoff in Thornton Wilders Buch *Die Brücke von St. Luis Ray*. Dort nämlich geht Thornton Wilder als Dichter in Person eines Paters dieser Frage anlässlich eines Unfalls nach, bei dem eine Reihe von Menschen von einer Brücke gestürzt und umgekommen sind, unter ihnen ein Kind. Sie

---

[*] James Hillman/Michael Ventura: *Hundert Jahre Psychotherapie und der Welt geht's immer schlechter*, Solothurn 1993. – James Hillman, *The Soul's Code*, New York 1996.

sterben alle auf einen Schlag, und dieser Pater kann nicht glauben, dass Gott so etwas zulässt. Er erforscht nun die Biografien dieser Menschen, um den Sinn des tragischen Geschehens zu erfassen. Er glaubt, dass jeder dieser Menschen sein Leben erfüllt haben müsse; es müsse sich in jedem dieser Fälle das Schicksal gerundet haben, sonst wären sie nicht gestorben. Der Pater versucht «Gottes unerforschlichen Ratschluss» zu ergründen.

Thornton Wilder bejaht die These der Sinnhaftigkeit des Todes. Der Pater freilich wird für seine Anmaßung, Schicksalsforschung zu betreiben, von der Inquisition hingerichtet. Es steht durch diese Dichtung in einer ganz imponierenden Art die Frage vor uns, die auch Korczak aufwirft, indem er rätselhafterweise ein «Recht des Kindes auf seinen eigenen Tod» fordert. Eine wohlfeile Antwort gibt es hier nicht. Vor allem darf man nicht auf den Gedanken verfallen, die Idee des sinnhaften Todes mindere die Entsetzlichkeit des *Tötens*. Wer einen Menschen tötet, *bricht* ja gerade das «Recht auf einen eigenen Tod». Korczak will sagen: Respektiert die Freiheit des Menschen auch dann, wenn er sich in Gefahr begibt! Das verborgene Wissen, das uns im Leben führt, mag auch ein Wissen um den eigenen Tod sein ...

Wir wollen uns aber mehr dem Geburtsgeheimnis als der Todesfrage zuwenden. Und an diesem Punkt komme ich nun zu Maria Montessori. Nicht etwa nur

deshalb, weil hier viele sitzen, für die Maria Montessori maßgeblich und richtungsweisend ist. Maria Montessori begleitet mich schon lange. Anders kann es ja auch kaum sein, wenn man sich mit Reformpädagogik und mit neuen Ansätzen in der Pädagogik und in der Therapie beschäftigt. In meinem Buch *Schwierige Kinder gibt es nicht* habe ich erstmals Maria Montessori pointiert in meine Gedankenwelt einbezogen, mich auf sie berufen und auch versucht, ihre Gedanken in eine Verbindung zu bringen mit den Ideen Rudolf Steiners. Das haben auch andere versucht. Von Marielle Seitz und Ursula Hallwachs ist im Kösel-Verlag unter dem Titel *Montessori oder Waldorf?* eine Orientierungshilfe für Eltern erschienen. Dort wird nicht polarisiert, sondern die Autorinnen versuchen einfach, die beiden pädagogisch-didaktischen Richtungen in ihren Grundzügen darzustellen und nebeneinander gelten zu lassen. Das ist die richtige Art, sich zu verständigen. Keine Aufrechnerei, keine Überbetonung der Unterschiede, sondern aktive Toleranz im Nebeneinanderstellen. Und im Vorwort schreibt Prof. Peter Paulig eben ganz richtig: «Steiner und Montessori wollten bei näherer Betrachtung dasselbe. Ihre Menschenbilder sind sehr verwandt. In den pädagogischen Konsequenzen, in der Praxis gibt es allerdings deutliche Unterschiede.» Ich frage: Könnte man nicht voneinander lernen für die Praxis?

Maria Montessori erwähnte ich zum allerersten Mal

in einer schriftlichen Verlautbarung, als ich vor acht Jahren einen offenen Brief in verschiedenen deutschen Zeitschriften veröffentlichte, der an den damaligen Außenminister Genscher gerichtet und mit einer Unterschriftenaktion verbunden war, die von unserem Institut ausging. Wir baten im Namen der Kinder darum, dass sich Deutschland nicht an militärischen Kampfeinsätzen beteiligen möge, an so genannten «Out-of-Aerea»-Einsätzen der NATO, sondern dass diesbezüglich das deutsche Grundgesetz nicht geändert werden dürfe nach den Erfahrungen des Zweiten Weltkrieges; dass man sich doch darauf besinnen möge, auch einmal ein Exempel im anderen Sinne zu statuieren, nämlich ein Beispiel von Entmilitarisierung zu geben, mit anderen Ländern eine Friedensinsel mitten in Europa zu schaffen. In diesem Appell, der selbstverständlich verhallt ist, rief ich als Kronzeugin für die politischen Rechte des Kindes u.a. Maria Montessori auf. Denn sie steht als Verteidigerin der Kindheit wie ein Fanal in diesem Jahrhundert.

Bei Maria Montessori habe ich eine interessante Passage im Zusammenhang mit dem Geburtsereignis gefunden. Man müsse sich die Überzeugung aneignen, schreibt sie, «dass das Kind schon vor der Geburt ein richtiges Seelenleben besitzt», und sich auf den Begriff der «Fleischwerdung» (Inkarnation) besinnen. Man müsse sich also darauf besinnen, dass «in dem Körper eines Neugeborenen ein Geist Fleisch geworden ist,

30

um auf dieser Erde zu leben». Das ist eine ungeheure Aussage. Der Begriff der Inkarnation ist dem alten katholischen Vokabular entliehen, das ist klar. Montessori hebt, überraschend für die damalige und heutige Zeit, diesen Begriff der Fleischwerdung des Geistes als Chiffre für die Geburt und das frühkindliche Entwicklungsgeschehen aus der Vergessenheit. Sie stellt diesen Begriff mitten hinein in das moderne Leben, in die moderne wissenschaftliche Debatte.

Es kommt also der Inkarnationsbegriff durch Maria Montessori als *erziehungswissenschaftlicher* Begriff ins Spiel, und dieser Begriff findet sich auch bei Rudolf Steiner. Steiner verwies mit noch viel größerem Nachdruck auf den Inkarnationsbegriff. Und er machte deutlich, dass, wer diesen Begriff gelten lassen wolle, konsequenterweise davon ausgehen müsse, dass die geistig-seelische Individualität, die sich im Empfängnis- und Geburtsgeschehen «verkörpert», vor diesem Verkörperungsvorgang in einem präkonzeptionellen Seinszustand als Individualität (!) schon anwesend war. Damit, wir erinnern uns, ist auf jene «dritte», schicksalsführende Instanz verwiesen. Das würde also heißen, dass ein Kind nicht erst entsteht, wenn es geboren wird, sondern dass es die Seins-Ebene wechselt.

Neuerdings schlägt auch der schon erwähnte James Hillman diese Sichtweise vor. In der Zeitschrift *Psychologie heute* (Mai 1998) erschien ein Interview mit ihm, aus dem ich einige Passagen vorlesen möchte, weil es mich begeistert, wie hier jemand aus eigenständiger Forschung zu im besten Sinne revolutionierenden Fragestellungen vordringt. Fragestellungen, von denen ich meine, sie seien reif in unserer heutigen Zeit.

«Ich glaube», sagt Hillman, «wir erleben einen Paradigmenwechsel. Die Menschen sind nicht länger zufrieden damit, ihre persönliche Geschichte als eine Geschichte von Kausalitäten zu sehen. Diese Betrachtungsweise hilft überhaupt nicht dabei herauszufinden, warum wir hier sind, was wir mit unserem Leben anfangen sollen oder was unser persönliches Schicksal ist. Die herrschende Psychologie ist eine Psychologie der Ableitungen – wir sind am Ende nichts anderes als ein Resultat. Das Modell, nachdem wir die meiste Zeit in diesem Jahrhundert unser Leben erklärt haben, löst sich auf. Es hat uns nicht geholfen. Ich glaube, dass der universelle, in den meisten Weltkulturen anzutreffende Mythos uns weiterhelfen kann, dass ein Kind die Welt mit einer Berufung betritt, mit einem individuellen Schicksal. Dieser Mythos könnte uns helfen, unser Leben in einem ganz neuen Lichte zu betrachten. Ich glaube, das ist auch der Grund, warum dieser Mythos sofort mit dem Herzen verstanden wird. Er befriedigt unmittelbar ein tiefes Bedürfnis, das die genetische oder die Umweltbetrachtungsweise unseres Schicksals nicht erfüllt.»

Hillman kommt dann noch darauf zu sprechen, dass

dieser «Mythos» in vielen alten Kulturen gepflegt wurde. Und er fährt fort, über die pädagogischen Konsequenzen dieses Gedankens zu sprechen, nämlich darüber, dass wir als Erzieher eine Schicksalsführung zu berücksichtigen haben, den «Engel», «Daimon» oder «Genius» des Kindes, der sozusagen das Wissen um die «Berufung» hütet. Hillman betont, dass er nicht die calvinistische Prädestinationslehre oder etwas dergleichen im Auge hat. Gemeint ist eher das, was in der griechischen Schicksalsidee «Moira» anklingt: dass es etwas gibt, was uns «zugewiesen» ist als unser innerster, ur-eigener Wille, den wir mitbringen in dieses Leben.

Hillman: «Ein unsichtbarer Gefährte, der aber nicht jede Bewegung oder jede Entscheidung beeinflusst, ... der uns Warnungen und Ermutigungen zuflüstert, der uns in eine bestimmte Richtung drängt. Moira kann z.B. in einem bestimmten Talent und einer bestimmten Begabung zum Ausdruck kommen, aber auch als Störung und auffälliges Verhalten ... Was wir Trotz, zwanghaftes Verhalten oder Obsession nennen, ist oftmals eine Hingabe.»

Er kritisiert die «negative Sprache für viele kindliche Verhaltensweisen», die wir uns angewöhnt haben. «In vielen so genannten primitiven Kulturen wird ein solches auffälliges Kind von den Ältesten sogleich sorgfältig beobachtet. Seine Besonderheit, seine Eigenheit, sein besonderes Talent erhält so einen Entwicklungsraum.» Die *Qualität,* die *Originalität* des

Verhaltens steht im Vordergrund, nicht die «Störung».
Davon können wir einiges lernen!

Hillman schließt damit, dass er auf die zahlreichen bedeutenden, kreativen Menschen hinweist, die als Kinder höchst ungewöhnlich waren und darunter zu leiden hatten, dass man sie für «gestört» hielt. «Wenn ein Kind ‹unverständlicherweise› widerspenstig ist oder ‹absichtlich› schlechte Noten produziert oder in der Schule träumt, dann wirkt etwas in ihm, das wir nicht erkennen wollen. Dieses Etwas im Kind weigert sich, sich dem Außendruck anzupassen.» So weit James Hillman.

Wir sollten gut bedenken, dass die heutige Zeit einen enormen Anpassungsdruck auf die Menschen ausübt. Dieser Druck ist so subtil und so «normal», dass wir ihn meistens gar nicht mehr bewusst wahrnehmen. Und es ist ein Merkmal unserer Zeit, dass der Genius, der Engel des Kindes (wie immer wir dieses Geheimnisvolle nennen wollen) häufig sich nicht anders äußern kann als eben so, dass es wie Widerspenstigkeit, wie «Faulheit», wie Resistenz, wie eine «Störung» wirkt. James Hillman also ist jemand, der ebenfalls die Spur des «sich verkörpernden Geistes» verfolgt. Die Spur, auf die auch Maria Montessori selbstverständlich gestoßen war, dank ihrer, ich möchte sagen intuitiven Wahrnehmungsfähigkeit. Immer wieder spricht sie von einem Geheimnis, das wir nicht antasten dürfen, vor dem wir Respekt, ja Ehrfurcht haben müssen.

Auch Steiner wurde nicht müde, auf den *Geheimnisaspekt* hinzuweisen. Das Wesentliche des Kindes, sagt er, das erkennen wir ja gar nicht mit dem gewöhnlichen Verstand, das können wir gar nicht erfassen, aber wir können es durch Aufmerksamkeit, Umsicht und Hingabe fördern. Diese Haltung finden wir bei Maria Montessori. Wir finden sie bei Steiner und Korczak. Und unter den so genannten Dissidenten der Schulwissenschaft werden allmählich mehr Stimmen laut, die im Grunde genommen fordern: Es gibt das individuelle, einzigartige Schicksal! Respektiert es endlich, sonst werdet ihr das Kind nie wirklich verstehen!

In den Anfängen der Entwicklung meines pädagogischen Denkens war ich ein Anhänger von Alexander S. Neill. Die antiautoritäre Erziehungsidee hatte mich unerhört begeistert. Zwar hat sich da im Laufe der Zeit einiges relativiert, aber ich möchte doch ein paar Sätze zur Verteidigung Neills sagen. Immer höre ich: Das war ja der Irrtum des Jahrhunderts! usw. Das geht ja inzwischen so weit, dass man den ganzen Schlamassel, den die heutige Kultur und die heutige Gesellschaft anrichtet in der Welt der Kinder, nun plötzlich denen zur Last legen will, die damals etwas ändern wollten an der Entwicklung, die eben in den Schlamassel hineingeführt hat. Die antiautoritäre Erziehung sei schuld, dass heute so viele Kinder «Störungen» hätten, heißt es. Das ist Unsinn im Quadrat. Wer A. S. Neill kennt, weiß, dass sein glühendes Anliegen war, der

Kindheitsidee zum Durchbruch zu verhelfen. Ich verstehe unter «Kindheitsidee» eine Ethik der unbedingten Würdigung der kindlichen Individualität, das ist eine Gesinnungsfrage. Diese oder jene Methode anzuwenden, pädagogisch oder therapeutisch, das nützt nichts. Die beste Methodik entartet, wenn sie nicht von einer pädagogischen Ethik jenseits aller Richtungskämpfe getragen ist, zum Produktionsbetrieb, zur Herstellung maßgerechter Kinder. Und von der ethischen Seite her hat Neill etwas unerhört Wichtiges erkannt und verteidigt, nämlich die von der ersten Stunde an stützenswerte, real anwesende Individualität. Neill hat das zwar nicht konsequent zu Ende gedacht, aber er hat es erkannt.

Die antiautoritäre Bewegung war eigenartig widersprüchlich in Bezug auf ihre anthropologischen Prämissen. Wir sagten: Das Heiligste ist die Individualität des Kindes, sie muss und kann sich selbstständig entwickeln, sie bedarf nicht der Erziehung. Das Kind weiß von der ersten Sekunde an, was es zuinnerst will. Und auf der anderen Seite haben wir in den politischen Seminaren den dialektischen Materialismus gepredigt. Was besagt der dialektische Materialismus? Er besagt, dass der Mensch aus dem Nichts kommt, als ein unbeschriebenes Blatt, und dass *alles* Erziehung ist. Alles ist Erziehung. Der Mensch wird, was die Umwelt aus ihm macht, das haben wir damals in den politischen Seminaren gesagt. Das Kind ist eine Individualität mit

einem ganz eigenen Willensimpuls von Anfang an, das haben wir in unseren pädagogischen Gesprächskreisen gesagt. Ja, was nun?

Sehen Sie, an diesem Widerspruch ist die Sache zerbrochen. Dieser Widerspruch konnte nicht durchgetragen werden. Hier ist wieder dieser Entscheidungspunkt: Entweder das Kind ist von Anfang an eine Individualität, die geachtet werden muss, oder es ist ein unbeschriebenes Blatt. Ist es ein unbeschriebenes Blatt, müssen wir es beschriften. Und zwar so, dass die Beschriftung irgendeiner Vorstellung entspricht, die wir uns vorher bilden müssen, sonst wissen wir ja gar nicht, was wir schreiben sollen. Ist das Kind von vornherein eine Individualität, dann müssen wir seinen Eigenwillen erfassen, erspüren, ermutigen, müssen lernen, mit erhöhter Aufmerksamkeit und Fingerspitzengefühl aus dem Erfassen der individuellen Impulse des Kindes unser erzieherisches Handeln zu bestimmen: situativ, intuitiv, vom Kinde selbst geführt. So viel wollte ich noch zu Neill sagen. Man mag ihn punktuell kritisieren, wie man will, aber in einem zentralen Punkt behält er recht. Der Pädagoge Werner Kuhfuß hat diesen entscheidenden Punkt in die Worte gekleidet: «Das Heiligste und Unantastbare im Verhältnis von Erwachsenen zu Kindern ist der Wille des Kindes!» Dieser, sagt Kuhfuß, darf nicht durch Druck geschwächt werden, sondern muss durch den rechten «Zug» (im Gegensatz zu «Druck») hervorgerufen, gestärkt werden. Wir müssen ausgehen davon, im radikalsten Sinne, dass das Kind mit einem Eigenwillen zur Welt kommt, mit einem individuellen biografischen Richtungsimpuls. Und wenn wir das akzeptieren, ich zitiere Kuhfuß, dann gilt, dass «jeder Zug oder Sog in die richtige Richtung und mit der richtigen Haltung kräftigt und bestätigt. Jeder Druck, auch in der besten Absicht, schwächt.» An dieser Stelle soll Rudolf Steiner noch einmal zu Wort kommen: «Es gibt nur einen Erzieher, das ist der kindliche Mensch sich selbst gegenüber. Pädagogik ist die Kunst, dem kindlichen Menschen Gelegenheit zu verschaffen, sich selbst zu erziehen.»

Die (grob gesagt) programmatische Kindervernachlässigung, die in Teilen der antiautoritären Szene als «neue Pädagogik» ausgegeben wurde, war natürlich nicht die richtige Konsequenz. Hier lag eine grobe Verkennung der «condition humaine» vor. Der Mensch in Anbetracht seiner einzigartigen physiologisch-neurologischen Plastizität (keine andere Spezies ist auch nur annähernd so geschmeidig, so bildsam, so gestaltungsoffen und selbstgestaltungsmächtig zugleich), in Anbetracht seiner einzigartigen Flexibilität, also Fähigkeit, seine Verhaltensmuster zu wandeln, zu variieren, ja völlig zu revolutionieren, dieser Mensch bedarf namentlich im Frühstadium seines Werdens natürlich eines Schutzraumes und einer Begleitung, die mit dieser unerhörten Empfänglichkeit, mit diesem

Widerspruch zwischen plastischem Vermögen und Plastizität rechnet. Das haben wir in der antiautoritären Zeit übersehen. Der individuelle Grundzug ist das Wesentliche. Aber man darf den Aspekt der Bildsamkeit nicht vergessen! Alle Eindrücke *beeindrucken,* auch die, die nicht über Augen, Ohren, Geschmack, Geruch usw. aufgenommen werden. Es gibt feinere Wahrnehmungsebenen. Kinder nehmen ganz anders wahr als wir. Das darf man nie vergessen.

Wenn Sie die verschiedenen Wahrnehmungsstufen der Menschheit, wie sie Jean Gebser, der berühmte Bewusstseinsforscher, beschrieben hat, einmal studieren, dann werden Sie z. B. finden, dass er bestimmten Stufen der Menschheitsentwicklung das sogenannte magische und das mythische Bewusstsein zuordnet und hier differenzierte Kriterien herausarbeitet. Und dann geht es über verschiedene Stufen weiter, bis man bei dem intellektuell-abstrakten Bewusstsein angekommen ist, das wir heute «Intelligenz» nennen. Was Gebser über das magisch-mythische Bewusstsein schreibt, erinnert stark an die vorintellektuellen Stufen der Selbst- und Weltwahrnehmung, die wir bei Kindern beobachten können. Dieses magische, man kann auch sagen sensitive, hellfühlige Bewusstsein ist in Wahrnehmungsprozesse eingeschaltet, die ganz außerhalb des gewöhnlichen Sinnesfeldes liegen, das müssen wir bedenken. Eine unglaubliche durchaus «übersinnliche» Feinfühligkeit und Feinsinnigkeit

ist vorauszusetzen! Mit anderen Worten: Eine Pädagogik, die in einer ganzheitlichen Menschenkunde gründet, muss auch darauf Rücksicht nehmen, was in den «Zwischenräumen» geschieht. Also: Was denken wir, wie denken wir über das Kind? Wie ist unsere Gefühlslage dem Kinde gegenüber? Das nehmen die Kinder sehr deutlich wahr! Das magisch-sensitive Bewusstsein ist eingeschaltet in das Unaussprechliche, Unausgesprochene, das zwischen den Menschen webt. Auf dieser Ebene ist liebevolle Aufmerksamkeit, auch über Entfernungen hinweg, ein real spürbares Wärmeereignis. Das wird viel zu wenig bedacht. Ein Beispiel: Wer denkt schon daran, dass die Art der Gesprächskultur in den Kollegien, im Kindergarten, in der Schule, zwischen den Eltern oder zwischen Eltern und Lehrern eine direkt wirksame Qualität ist? Ein wirklicher pädagogischer Faktor? Wer zieht schon in Betracht, dass Kinder auf dieser Ebene mit uns in Verbindung stehen könnten auf eine Art, die unseren Alltagsverstand übersteigt? Mit anderen Worten: Wie wir über ein Kind sprechen, was für ein Geist in unseren Gedanken, Empfindungen, Gesprächen über das Kind lebt – das ist die halbe Erziehung! Ja, was richten wir denn an, wenn wir ein Kind als «gestört» klassifizieren und eine entsprechende innere Einstellung ihm gegenüber entwickeln? Das bleibt dem Kind nicht verborgen! Das nimmt es buchstäblich «im Schlafe» ganz tief wahr! Die Frage ist doch: Bildet sich um das Kind herum im geistig-seelischen Raum eine negativ bewertende, abschätzige Stimmung, oder ist oder bildet sich eine Atmosphäre, die man wirklich eine würdigende nennen kann? Eine würdigende Atmosphäre entsteht, wenn man sich im Geiste der Liebe und Achtung *verständigt,* um zu *verstehen,* wer dieses besondere Kind ist und wie man ihm helfen kann, sein *Eigenes* hervorzubringen. Die Stimmung hingegen, die das «schwierige» Kind zu einem Symptomträger degradiert, den man durch allerlei Reparaturmaßnahmen wieder auf Normalmaß zurechtbiegen müsse, ist atmosphärisches Gift! Ich staune immer wieder über die Blindheit derer, die nicht bemerken, ja nicht einmal für möglich halten, dass viele Kinder, die dieser Giftwirkung ausgesetzt sind, deshalb, wie man so schön sagt, erziehungs- und therapieresistent werden, weil sie die Aburteilung, den «defektivistischen Blick», wie ich es in meinem Buch *Schwierige Kinder gibt es nicht* ausdrücke, nicht ertragen!

Der Mensch ist ein hochgradig verletzliches Wesen. Auch wenn wir das Kind in seiner Freiheit respektieren, müssen wir ihm eine abschirmende, einhüllende und wärmende Umgebungsgestaltung bieten. Einen Schutzraum. Das ist ein zentrales Prinzip zeitgemäßer Erziehung. Sie alle wissen, dass die *Reizüberflutung* – der Begriff ist ja in aller Munde – ein wirkliches Problem darstellt, und zwar, wie Sie meinen Worten entnehmen konnten, in einem viel weiteren Sinne noch, als man gemeinhin glaubt. Einen Schutzraum als soziale Wärmezone, einen Schutzraum des freund(schaft)lichen Denkens aneinander, des Interesses füreinander zu schaffen gegen die Kälte der Zeit, ist mindestens genauso wichtig wie schöne Farben, schöne Musik, schöne Spielmaterialien.

Die Förderung der Kreativität ist ein weiteres. In der antiautoritären Phase glaubten wir: Ein Kind wird von selbst und in jeder Lebenslage kreativ, abgesehen natürlich von Extremsituationen der Bedrängnis, des Mangels, der Verlassenheit. Wir glaubten: Wenn man die Kleinen einfach sich selbst überlässt, dann kommt die Genialität des freien Künstlers heraus. Das ist natürlich Unsinn. Man muss nur die kindliche Entwicklung von der Bewegungsseite her betrachten, die sensomotorischen Integrationsssschritte beobachten, dann wird man finden, dass das Kind über Nachahmungsprozesse sich langsam erst hineinfindet im Laufe der Jahre in eine Kompetenz der Selbstwahrnehmung und Körperbeherrschung, die es ihm schließlich ermöglicht, zu freien Gestaltungen vorzudringen. Das ist ein komplexer und hindernisreicher Weg. Auf diesem Weg will und muss das Kind fördernd begleitet werden. Die Förderung besteht nicht in ständiger Ermahnung und Korrektur, da sage ich ja allen Montessori-Freunden nichts Neues, nicht in Ge- und Verboten (die sind nicht immer zu vermeiden, aber sie erziehen nicht!), sondern darin, dass wir so viel wie möglich tun, um

das Kind als Nachahmungs-Bewegungswesen anzuregen und zu ermutigen. Die Nachahmung ist hier ein zentrales Element. Ich weiß, dass Maria Montessori einmal gesagt hat: Es kommt auf die Nachahmung nicht an, sondern auf die freie Tat. Hier dürfen wir uns nicht beirren lassen. Der Nachahmungsbegriff, der an dieser Stelle bei Montessori auftaucht, ist ein anderer als der, den wir jetzt im Auge haben. Was Montessori mit Recht skeptisch beurteilt, ist das mechanische, gehorsame Imitieren. Der Nachahmungsbegriff, auf den ich mich jetzt beziehe, meint eine Tätigkeit, in der das Kind aus seinem schöpferischen Eigenwillen heraus die Bewegungsvorgänge, die es staunend in der Umgebung wahrnimmt, als Anregungen aufnimmt und kreativ umsetzt. Wer mit kleinen Kindern Umgang hat, weiß, welche wunderbare Fähigkeit da zur Erscheinung kommt. «Ich will auch, ich will auch, ich will auch», sagt das Kind aus tiefstem Herzensgrund. Und das *tut jedes* gesunde Kind. Gemeinsam mit den Erwachsenen etwas tun im nachahmend-schöpferischen Mitvollzug – das ist tiefe Erfüllung. *Diese* Art von Nachahmung ist unerhört wichtig! Und hier stoßen wir wieder auf das Motiv des pädagogischen Schutzraumes. Kinder sind heute einer solchen Fülle, einem solchen Übermaß an Eindrücken ausgesetzt, die das Nachahmungswesen überfordern und in die Irre führen, dass es natürlich eine hochrangige und zentrale pädagogische Aufgabe ist, den Kindern sinnvolle, innerlich belebende und bereichernde Nachahmungsangebote zu machen, sowohl im Kindergarten als auch in der frühen Schulzeit.

Belebende und bereichernde Nachahmungsvorgänge spielen sich vor allem im Bewegungsbereich, im Bereich der Gebärdensprache, im Bereich des Tänzerischen, Rhythmischen, Pantomimischen ab. Hier fühlen sich die Kinder ganz in ihrem Kindsein angesprochen. Nicht wahr, wenn ein Kind vor dem Fernseher sitzt, kann es nicht nachahmen. Haben Sie schon einmal erlebt, wie Kinder versuchen, Fernsehfilme nachzuahmen? Das ist so bizarr! Weil es eigentlich gar nicht geht. Ganz klar. Man kann auch kein Mixgerät nachahmen. Keine elektrische Kaffeemühle. Aber wenn die Mutter mit dem Quirl etwas rührt oder mit der alten handgetriebenen Kaffeemühle mahlt, das kann man nachahmen! Ich sage einfache Dinge. Man kann ein Auto zur Not nachahmen, aber schauen Sie den Kindern mal dabei zu! Das ist schon eine recht groteske und frustrierende Geschichte! Was ein Kind als innerlich nachahmendes Wesen hingegen bei den Bewegungen eines Pferdes erlebt, das ist etwas Urbildliches, was es ganz tief innerlich versteht. Wenn die Kinder «Pferdchen» spielen – haben Sie es einmal erlebt? –, dann werden sie bis in den Gesichtsausdruck Pferd! Es ist frappierend. Ihre Bewegungsabläufe werden «pferdig». Ihr Mienenspiel wird auf eigenartige Weise «pferdig». Sie machen das mit einer unglaublichen Könnerschaft. Das Nachahmungswesen will zugreifen, wo es verstehend zugreifen kann. Hier erbringen die Kinder ihre ersten elementaren schöpferischen Leistungen.

Das Kind will von Anfang an *sich selbst* zum Vorschein bringen. Aber es muss die Fähigkeiten, sich zum Vorschein, zum Ausdruck zu bringen, erst Schritt für Schritt erringen. Und hierbei müssen wir ihm helfen. Deshalb Sinnespflege, deshalb Kreativitätsforderung, um diese Schlagworte zu benutzen, die natürlich im Einzelnen dann konkretisiert werden müssen. Deshalb Nachahmungsförderung als Grundstufe der Kreativitätsförderung. Die Defizite im Nachahmungsbereich sind heute ein großes Problem. Viele Angst- und Traurigkeitszustände bei Kindern rühren von der Verkümmerung des Nachahmungswesens in der früheren Kindheit her.

Sie alle wissen, dass die primären Sinnesfelder für die Kinder wieder erobert werden müssen. Es ist eine kleine Tragödie, dass heute ein Großteil der Kinder ohne Bezug zur Natur aufwachsen. Es hat sich die Menschenschöpfung vor die göttliche Schöpfung geschoben, und das ist für die Kinder ein ziemlich herber Bruch, wenn man gelten lassen will, dass ein Kind aus der geistig-göttlichen Welt in die irdisch-physisch-materielle Welt hinuntersteigt, also einen Wechsel der Seinsebenen vollzieht, den man sich schroffer nicht denken kann. Da wünscht man dem Kinde, dass es auf der Erde nicht ganz abgeschnitten sei von den Erlebnisqualitäten, in denen urbildlich noch die

Schöpferkräfte anwesend sind: die Kräfte, aus denen die Weltschöpfung entstanden ist. Man hat ja bis vor gar nicht langer Zeit gesagt: Im Stein, im Wasser, im Wind, in Feuer, Wärme und Licht, da begegnen wir den in die Erscheinungswelt gefallenen schöpferischen Urkräften. Wenn wir mit Maria Montessori und Rudolf Steiner den Mut haben, das Kind zu imaginieren als ein Wesen, das aus der Sphäre der schöpferischen Urkräfte in die Erdenwelt hinuntersteigt, dann können wir uns auch vorstellen, wie schroff, wie brutal dieser Wechsel ist, wenn fast alles, was dem Kinde begegnet in dieser zunächst fremden Welt, völlig ohne Bezug ist zu der himmlischen Sphäre, aus der es sich gerade entfernt, von der es gerade Abschied nimmt. Nur noch Maschinen. Nur noch Beton. Das ist andeutungsweise der spirituelle Hintergrund der Forderung nach Wiedererringung der primären Erlebnisfelder für Kinder.

Rudolf Steiner bezeichnete das Urerlebnis, das einem Kind zuteil wird, wenn es wirklich in der tastenden Welterkundung sich so entwickeln darf, wie es eben einem Kinde zusteht, als «Gotterlebnis». Und nun beobachten Sie einmal die kleinen Kinder, wenn sie tastend mit Dingen, mit Materialien Bekanntschaft machen dürfen, die wirklich noch *Eigenschaften* haben. Nicht wahr, wenn man immer nur Plastik in der Hand hat, dann ist es im Tasten so, wie es im Sehfeld wäre, wenn es keine Farben gäbe. Wenn da alles Grau in Grau wäre. Genau dasselbe spielt sich ab, wenn ein Kind immer nur Plastik fühlt. Da fühlt sich alles gleich an. Wir müssen also differenzierte Tasterfahrungen dem Kinde ermöglichen im Umgang mit elementaren Qualitäten, also Stein, Wasser, Sand, Holz; mit allem eben, was wir direkt der Natur entnehmen. Dadurch helfen wir dem Kind, ein Stück Rückverbindung zu behalten zu der Welt, aus der es herkommt, den Übergang gleitend zu gestalten von der einen Welt in die andere, nicht schockhaft.

Der Mensch ist fundamental anders organisiert als das Tier, höhere Tiere eingeschlossen. Er ist, wie Jean Paul Sartre sagte, zur Freiheit verurteilt. Er ist mit einer unerhörten physiologisch-neurologischen und natürlich auch seelisch-geistigen Plastizität begabt oder bestraft, wie man will; mit einer unerhörten Flexibilität und Empfänglichkeit für das, was auf verschiedenen Ebenen in seinem Umkreis lebt. Dies muss bedacht werden in der Umgebungsgestaltung für Kinder, in der Beziehungsgestaltung mit ihnen. Sie sind elementar darauf angewiesen, ihr kreatives Potenzial zu entfalten, was eng zusammenhängt mit der Entfaltung des Sinnespotenzials. Je kraftvoller ein Mensch sein Sinnespotenzial und auf dieser Grundlage sein kreatives Potenzial entfalten kann, desto deutlicher wird er seine Existenz als ein «Sein zum Sinn» (Viktor E. Frankl) erleben. Im Jugendalter äußert sich diese Erfahrung von Sinn als Idealismus, als Weltverbesse-

rungsdrang: Ich sehe die Unvollkommenheit des Seins, aber ich kann mitwirken an einem großen Zukunftswerk! – Diese idealistische Gestimmtheit im Jugendalter hängt in hohem Maße davon ab, ob das Kind sich in seinem Sinneswesen und Ausdruckswesen in der richtigen Weise entfalten konnte. Unterstreichen wir an dieser Stelle noch einmal die schöpferische, gesunde Nachahmung (im Gegensatz zur automatenhaften Imitation). Kein anderes Wesen auf dieser Welt ist in seinem *fragenden Kommunikationsbedürfnis* so ausgeprägt wie der Mensch. Das Kind betritt die Welt als eine große, leibgewordene Frage: Wo bin ich? Wer seid ihr? Was ist das? Und was ist das? Und wie heißt das? Und wie gehört dies und das zusammen? Und Warum? – Und es steigert sich dieses Fragen von Stufe zu Stufe. Man könnte eine reine Entwicklungspsychologie des Fragens ausarbeiten! Von der tastenden Welterkundung bis zur Frage nach dem Sinn des Lebens und nach dem Geheimnis des Todes!

Das fragende Hingewandtsein zum «Du» ist das Urphänomen. Damit fängt alles an. Das Kind will Beziehung aufnehmen und in der Wärme des «Zwischenuns» erfahren, dass es Güte in der Welt gibt. Dass alles durch Liebe heilen kann. Wird es wieder gut? Das ist *die* Kinderfrage schlechthin. Wenn etwas zerbricht, wenn etwas misslingt, wenn zwei sich streiten, wenn jemand krank ist: «Wird es wieder gut?» In dieser Frage lebt so viel vom Wesen des Kindlichen, vom Wunder des Kindseins, wie in kaum einer anderen. Wird es wieder gut? Das ist die Frage nach der *Heilung*. Auf diese Frage müssen wir die richtige Antwort finden. Aber Belehrungen nützen nichts. Die richtige pädagogische Antwort auf die Kernfrage «Wird es wieder gut?», ist eine *Verhaltensfrage*. Wie gehen wir miteinander um? Wie gehen wir mit den Dingen um? Das erleben die Kinder mit einer unerhörten Feinfühligkeit. Und wir können mit ihrer nachahmungsbereiten Hingeneigtheit zum Guten, d.h. zum pfleglichen, achtsamen, hilfsbereiten, friedfertigen Umgang rechnen!

Arbeiten wir nicht so viel mit Belehrungen! Arbeiten wir so, dass wir eine Umgebung schaffen, in der das Kind erlebt: Es gibt Streit. Mißverständnisse. Krisen. Träume. Das gehört alles dazu. Aber es wird wieder gut! Alle bemühen sich immerhin, dass es gut werde. Die Erziehungsfrage als sozial-zwischenmenschliche Frage, das ist der Punkt, an dem wir jetzt angelangt sind. Und dies bitte ich Sie, ganz, so tief Sie können, in sich aufzunehmen und mitzunehmen. Mit fadenscheiniger Harmonie, mit der bürgerlichen Fassade können die Kinder wenig anfangen. Erzieherisch heilsam wirkt unser aufrichtiges Bemühen, unser Ringen um menschengemäße Verhältnisse.

Und schließlich ist der Mensch, anders als alle anderen Wesen dieser Welt, *zukunfts- und gestaltungsorientiert.* Dies gilt ganz besonders für Kinder. Das Kind will sich selbst entwickeln und ausfalten, will in der permanenten schöpferischen Veränderung zu sich kommen – «zu sich» heißt aber: Zukunft. Der Ort, an dem ich stehe, kann nicht das Ziel sein – und doch trägt der, der unterwegs zu sich selbst ist, das Ziel schon in sich als die Kraft, die ihn bewegt und ihm die Richtung gibt. Der Mensch ist zukunftsorientiert, und das heißt: gestaltungsorientiert. Die Lebensfrage lautet als Sinnfrage: Wie kann ich mich so entwickeln, so in die Welt hinein entwickeln, dass ich mich mit mir einig fühlen werde, irgendwann. Das ist eine Frage, die den kreativen Menschen und den sozialen Menschen gleichermaßen betrifft: die Liebe und die Kreativität. Es ist ein Geheimnis: Ich kann nur mit mir selbst einverstanden sein im tiefsten Seelengrund, wenn ich mich hineinwerfe auf den *Menschen*, auf die «Humanitas», wenn also die Schritte meiner Selbstentfaltung auf die Entfaltung der Menschlichkeit, der «sozialen Skulptur» (Joseph Beuys) bezogen sind. Die Kreativitätsforschung übersieht oft, dass kreative Impulse im Ursprung (!) Liebesimpulse sind, auch wenn das *Thema* die Auseinandersetzung mit der Destruktivität ist. Das liegt ja in der Zeit.

Kunst also gehört in die Schule und natürlich in die Vorschule. In einem viel, viel stärkeren Maße, als es heute der Fall ist. Ich sage auch in den «Waldorf»-Kreisen und mache mich damit unbeliebt: Das ist doch alles nur Theorie, dass der Unterricht «durchkunstet» sei! Wenn wir ehrlich sind, dann müssen wir zugeben:

Wir beugen uns dem Zwang der Verhältnisse viel zu stark. Es wird auch bei uns viel zu viel intellektuell gelernt. Die heutigen Kinder wollen und brauchen in allererster Linie das Künstlerische. Und wenn sie das nicht bekommen, wenn sie sich nicht auf allen Feldern der Kunst altersentsprechend betätigen und austauschen können, wenn wir ihnen keine Räume der Kunst, keine Räume der Gestaltung anbieten, wenn die Orte der pädagogischen Begegnung keine Ateliers sind, in denen man experimentiert und mit allen nur erdenklichen Materialien Schönes gestaltet, wenn das nicht geschieht, dann pädagogisieren wir an den Bedürfnissen der Kinder vorbei, dann produzieren wir Ängste und Depressionen.

Vergessen wir also die Frage nach dem *ganz und gar Eigenen* des Kindes nicht. Das Kind ist ein außerordentlich bildsames Wesen, aber es ist auch und vor allem ein plastisch-bildnerischer Ur-Trieb, oder besser gesagt: eine plastisch-bildnerische Zentralmotivation sui generis im Kinde vorhanden, und *diese zu* bestätigen, zu ermutigen, muss unsere vornehmste Aufgabe sein.

Der fünfjährige Robert spielt nie mit. Er will immer nur reden, reden, reden, und vor allem will er fragen. Er will in der Gegend herumrennen, aber nicht mit einem bestimmten Ziel. Er macht gern Sachen kaputt. Er hat abends Angst, Angst vor dem Einschlafen. Da gerät er zuweilen in Panikzustände. Er will die Wohnung nicht verlassen. Nicht einmal das Fenster darf manchmal geöffnet werden. Er sagt: «Alles ist zu laut! Da draußen sind böse Menschen.» Wenn man mit ihm malen will und ihn fragt: «Möchtest du ein Haus malen oder eine Blume?», dann antwortet er stereotyp: «Ich kann nicht, mach du!» Am liebsten schaut er zu, was andere tun. Vor allem dann, wenn die anderen tun, was er sagt. Er ist am liebsten Zuschauer und Kommandeur. Aufmerksam, interessiert, aber auch stets voller Sorge, er könnte in das Geschehen hineingezogen werden. Immer an Mamas Rockzipfel. Nur ganz selten, wenn er einmal mit Mama allein ist, ein Ansatz von Nachahmung, von freudigem «Mitmachen». Jenes «Ich auch!», von dem ich vorhin sprach, jene interaktive Spontaneität kommt kaum zum Vorschein. Wenn man ihn erlebt, wie er sich bewegt, wie er umgeht mit den Dingen, oder besser gesagt: *nicht* umgeht mit den Dingen, dann bemerkt man: Er kennt seinen Körper nicht! Er lebt nicht in seinen Händen, die baumeln da mehr oder weniger nutzlos herum. Mit denen kann er nichts anfangen. Er schleppt einen Körper mit sich herum, der ihm irgendwie fremd ist. Er stößt dauernd überall an. Er lässt ständig Sachen fallen. Wenn er getrunken hat, setzt er das Glas so hart auf, dass ihm die Flüssigkeit ins Gesicht schwappt. Alles zerbricht ihm zwischen den Fingern. Und die Leute schimpfen ihn aus: «Du hast wieder etwas kaputt gemacht!» Er ist verstört, weil er eigentlich nichts kaputt machen

wollte. Mit der Zeit führte das dazu, dass er oft auch störrisch wird und wirklich Sachen kaputtmacht. Ein Fünfjähriger kann schon so reagieren, dass er in die Stimmung kommt: Wenn alle sowieso dauernd schimpfen, dann kann ich ja auch mit Absicht Blödsinn machen! – Wenn mich alle für böse halten, dann bin ich eben böse! So kommt ein gewisser Mutwille allmählich in die Ungeschicklichkeit hinein. Eine Anwandlung von Destruktivität. Was ist denn mit diesem Buben nur los?

Ich habe jetzt nur geschildert, was einem ohne weiteres auffällt. Die Eltern kommen zu mir. Sie machen sich Sorgen. Ich spiele zwei, drei Stunden mit Robert, nachdem ich den Eltern viele Fragen gestellt habe. Nach den Spielstunden setzen wir uns wieder zusammen. Ich soll eine Diagnose stellen. Stattdessen eröffne ich das Gespräch mit der Frage: «Was ist Ihrer Meinung nach das Besondere an diesem Kind ... Ich meine: das Besondere in positiver Hinsicht? Was bewundern Sie an Ihrem Kind?» Betroffenes Schweigen. Die Mutter sagt: «Ja doch, die Hilflosigkeit, die rührt mich.» Ich antworte: «Meine Anfrage bezieht sich auf Roberts besondere Fähigkeiten.» «Oh! Fähigkeiten! Da fällt mir jetzt nichts ein.» Er ist ein hübscher Junge. Und nach einigem Beraten und Suchen fällt der Mutter doch noch etwas Positives ein: «Er kann unglaublich zuhören. Er hat es sehr gern, wenn feierliche, stimmungsvolle Stunden gestaltet werden. Er träumt gern.

Er liebt Musik. Märchen. Ja, das gefällt ihm. Danach verlangt er immer. Fast schon tyrannisch», sagt die Mutter. «Also, wenn ich etwas von ihm will, sagt er: ‹Krieg ich dann auch eine Geschichte?› Damit erpresst er mich regelrecht.»

Ein Kind also, das ganz traumverloren in der Welt steht, in der Welt herumirrt. Es kann sich nicht tätig einfügen, nichts gelingt ihm so recht. Die nötigen Entwicklungsschritte vollzieht es so ungefähr, aber kraftlos, interesselos. Andererseits ist seine Fähigkeit zur träumenden Hingabe an Bildwelten, Märchenwelten, schöne Klänge und so weiter stark ausgeprägt. An den Eltern gibt es nichts auszusetzen. Keine groben Erziehungsfehler. Eine liebevolle Mutter, ein liebevoller Vater. Die Ehe ist nicht gerade ein Hort der Glückseligkeit, sie streiten zuweilen, aber sie vertragen sich auch wieder. Die beiden halten zusammen. Und sie nehmen ihre Elternverantwortung sehr ernst. Robert ist Einzelkind. Er wirkte von Anfang an – wie die Mutter sagt – hilflos, so eigenartig schutzbedürftig. Mutter und Vater reagierten darauf durchaus angemessen: mit einer intensiv beschützenden Haltung. Wer hätte nicht so reagiert? Dieser beschützende Gestus bestimmte sehr stark den Umgang mit dem Kind. Zu stark, denke ich. Aber das ist keine Kritik! Besonders schutzbedürftige Kinder lösen natürlich einen besonders intensiven beschützenden Reflex bei den Eltern aus. Zum Glück ist das so! Aber es liegt natürlich auch eine Gefahr darin. Es kann zu weit gehen. Dem Kind wird alles abgenommen. Es wird gepflegt und umsorgt, als sei es krank.

Ist Robert ein entwicklungsgestörtes Kind? Nun, bleiben wir bei den Phänomenen. Nach näherem Kennenlernen gewinne ich ein deutlicheres Bild. Ich kann jetzt im Einzelnen nicht die Beobachtungen schildern, sondern nur die Beobachtungsresultate. Man sieht bald, dass Robert in Bezug auf seine Eigenkörperwahrnehmung ungenügend gesichert ist. Jedes Kind muss sich ja während der ersten Lebensjahre erst einmal in seinen Leib einwohnen, wenn ich so sagen darf, muss ein deutliches Gefühl für die eigene Ausdehnung, Größe und Begrenztheit entwickeln, ein sicheres Raum-Lage-Empfinden, eine zuverlässige instinktive Eigengestaltwahrnehmung. Anderenfalls bleibt das Kind in gewisser Weise sich selbst fremd, vor allem aber: realitätsfremd. Es ist immer tendenziell träumend entrückt, wenn die Eigengestaltwahrnehmung unscharf bleibt. Diese bildet sich auf einer ersten Stufe durch die vielfältigen Formen des Körperkontaktes mit der Mutter. Aber das genügt nicht. Auf weiteren Stufen bildet sich die Eigengestaltwahrnehmung auf natürlichem Wege dadurch, dass das Kind tastend die Welt erkundet, durch optische Erfahrungen, Körpererfahrungen an der Materie, im Kontakt mit den Elementen, nicht zu vergessen Bewegungserfahrungen. Diesbezüglich ist Robert sozusagen unterversorgt.

Es stellt sich heraus, dass auch sein Temperaturempfinden unzuverlässig ist. Die Füße sind eiskalt, und er merkt es nicht. Überhaupt hat er oft kalte Füße und Hände, aber es scheint ihn nicht weiter zu stören. Scheint! Denn natürlich stört es ihn unterschwellig doch! Es stört das allgemeine Lebensgefühl.

Ich erwähnte schon, dass er mit seinen Händen nichts anzufangen weiß. Sie hängen an ihm dran wie zur Dekoration. Er vertraut ihnen nicht. Er vernachlässigt sie. Damit wir uns nicht falsch verstehen: Das *Werkzeug* ist intakt. Er will sich aber nicht darauf einlassen. Das spricht eine eindrucksvolle symbolische Sprache. Wenn ein Kind kein Zutrauen zu seinen Händen hat, dann lebt es in dem Grundgefühl: «Was ich anfange, wird sowieso misslingen ...» Man nennt dieses Phänomen manchmal «Ineffektivitätskonzept». Robert muss Zutrauen zu seinen Händen gewinnen! Er muss sensibilisiert werden für die Feinwahrnehmung im Wärmebereich, Tastbereich, er braucht Nachreifungshilfen in Hinsicht auf die Eigengestaltwahrnehmung. Und schließlich ist an seinem Gang, an seiner Haltung, an seiner Gestik abzulesen: Er muss die *Leichtigkeit* entdecken, den «inneren Tänzer»; er kennt noch nicht jene Ur-Erfahrung von Freiheit und Freude, die sich einstellt, wenn in vollen Zügen das Erlebnis ausgekostet werden kann: Mein Leib gehorcht dem inneren Tänzer. Er folgt meinem Willen. Er ist geschmeidig, leicht. Ich kann ja *fast* fliegen – immerhin springen, tanzen, hüpfen ... Robert springt, tanzt, hüpft eigentlich nie. Jedenfalls nicht frei. Er schleicht entweder ein wenig gebückt herum oder gerät in eine krampfhafte Bewegungsunruhe, letzteres vor allem, wenn er müde ist.

Wir sprechen bei einem solchen Wesensbild von einer unzureichenden *basalen Grundsicherheit* bzw. Unsicherheit der basalen selbstwahrnehmenden Kompetenzen. Der Junge ist nicht «gestört»! Er ist sogar sehr begabt! Da schlummert hinter der ganzen Unsicherheit ein Poet, ein verzauberter König der Fantasie, eine schöne, zarte Seele. Etwas Samtenes hat er um sich. Wenn dieser etwas «überirdische» Junge richtig ankommt auf dieser Erde, dann wird man noch über ihn staunen! Aber wie helfen wir ihm dabei? Werfen wir einen kurzen Blick in die Spieltherapie: Wie beiläufig muss er hineingenommen werden in ein Spielgeschehen, in dem es *keine Aufforderungen* gibt. Gegen Aufforderungen ist der Fünfjährige schon so allergisch, dass alles, was auch nur danach riecht, seine Angst verstärkt. Er muss hereingelockt werden in ein Spielgeschehen, in dem es kein «Du sollst!» gibt, sondern Rollen, in die er diskret hineinschlüpfen kann, Rollen von Personen, die bestimmte Kompetenzen verkörpern. Er sagt ja immer: «Ich kann nicht!» Also gut. Ich spiele den Bäckermeister. Robert kauft bei mir ein. Auf einmal ist alles ausverkauft. Ich diskutiere mit den unsichtbaren Kunden. Sie beschweren

sich. Robert mit seiner großartigen Phantasie «rutscht» sofort in die Szene hinein. Mit dieser seiner Fähigkeit kann man arbeiten! Die Kunden verlangen Brötchen und Gebäck. Aber es ist alles ausverkauft. Und das Spiel entwickelt sich aus dem Stehgreif: Eines meiner Kinder liegt krank zu Hause im Bett. Ich kann nicht backen, ich muss zu meinem Kind. Was soll ich denn bloß machen? Zuhause das kranke Kind, hier die empörten Kunden. Wenn ich nichts verkaufen kann, dann bekomme ich kein Geld und kann meinem Kind keine Medizin kaufen! Eine echte Zwickmühle. Das Spiel spinnt sich weiter. Ich sag zu ihm (er heißt im Spiel Herr Öchsle): «Schade, dass Sie nicht backen können, Herr Öchsle.» – «Ja.» – Pause. Da fällt mir ein: «Ich habe aber einen Freund, der kann backen. Er wohnt ganz in der Nähe!» Das Spiel spinnt sich weiter. «Würden Sie meinen Freund fragen, ob er vielleicht für mich backen könnte? Ich muss doch zu meinem kranken Kind nach Hause!» Und jetzt der entscheidende Moment, das Flüstern: «Du wärst jetzt der Freund, ja?» Robert ist einverstanden. Er zögert keinen Augenblick. Etwas langsam und umständlich entspinnt sich der Besuch bei meinem Freund. Wir nehmen einen Teddybär. Robert fragt leise. «Kommst du Brötchen backen?» Dann schlüpft er in die Rolle des Freundes, sitzt neben mir und formt hingebungsvoll Kuchen, Brötchen und Plätzchen aus Ton. Hätte ich ihn aufgefordert: «Komm, wir holen einen Klumpen Ton und formen etwas

Schönes», wäre gar nichts passiert. Robert hätte wie immer geantwortet: «Ich kann nicht! Mach du!»

Sie sehen also: Wir haben hier ein Kind vor uns, das man hineinbegleiten muss mit aller nur erdenklichen Behutsamkeit in das Erlebnis: Ich kann mit meinen Händen etwas Sinnvolles tun. Ein Kind, das schon so blockiert ist in diesem zarten Alter, blockiert nicht zuletzt wegen des ständigen Erwartungsdrucks, dem es ausgesetzt ist von allen Seiten, dass es gar keine direkte Aufforderung mehr erträgt. Ein Kind, dem man einerseits verständlicherweise alles abgenommen, alles zu leicht gemacht hat und von dem man nun andererseits erwartet, dass es endlich einmal aufhören möge, sich zu verstecken. Da muss man zunächst einmal spielerisch die Wege ebnen auf die beschriebene Art. Wir müssen nicht fragen, ob das Kind «gestört» ist. Selbstverständlich ist dieses Kind nicht «gestört». Geräte haben Funktionsstörungen, nicht Menschen. Menschen haben Eigenarten. Und sie haben ein Schicksal. Dieses Kind will nicht richtig in die Realität hinein, und das wollte es von Anfang an nicht. Robert hat noch nicht wirklich Ja zum Leben gesagt. Und diesen Vorbehalt hat er als Wesensverfassung mit über die Schwelle gebracht. Ich könnte diese Aussage anamnestisch belegen, wenn ich jetzt die Zeit dazu hätte.

Die Frage, die wir uns zu stellen haben, lautet: Warum will sich dieses Kind nicht so richtig mit der

Realität verbinden? Warum liebt Robert verträumte Geschichten? Warum kann er für sich allein mit Steinchen und Perlen versunken spielen, allen Dingen Seele einhauchen? Warum liebt er das Stimmungsvolle, aber nicht das Zugreifende, nicht das Bestimmte, nicht das Sollen, nicht die beherzte Tat? Das ist die Frage, die man sich stellen muss. Und man muss sie stellen mit einem tiefen Respekt davor, dass dieses Kind aus seinen Schicksalshintergründen heraus länger als andere Kinder sich einer ganz bestimmten Entwicklungsdynamik vorenthalten will, die man im weitesten Sinn als «Irdischwerden» bezeichnen kann. Wenn wir dies nicht respektieren, sondern das Kind durch allerlei therapeutische Tricks, «Interventionen» oder Verhaltenskonditionierungen in die Realität hereinzerren, dann tun wir dem Kinde nichts Gutes. Wir werden es vielleicht, weil es ein sehr gutwilliges, zartes Kind ist, mit Erfolg beeinflussen können durch unsere «Maßnahmen». Es wird sich fügen. Aber diese Art, ein Kind gefügig zu machen, ist keine wirkliche Lebenshilfe. Es ist eine Respektlosigkeit. Die therapeutische Grundhaltung muss zunächst sein:

Respekt davor, dass dieses Kind nur sehr vorsichtig auf die Realität zugehen will. Dies müssen wir als die Schönheit seines Wesens erkennen und würdigen. Es möchte in Himmelsnähe bleiben! Wer weiß, welcher tiefere Sinn dahintersteckt! Wir haben es nicht mit einer «Störung», sondern mit einer Begabung zu tun;

und dass diese Begabung «unnormal» ist, berechtigt uns noch lange nicht, sie dem Kind streitig zu machen und mutwillig den Schleier zu zerreißen! Und doch muss Robert für das Leben ermutigt werden! Aber nicht mit dem Holzhammer, wie das heute leider Gottes oft geschieht, sondern so, dass wir ihn buchstäblich für das Leben «erwärmen».

Wie würde ein therapeutisch-pädagogisch «erwärmendes» Vorgehen im Falle unseres kleinen verzauberten Königs von «Fantasien» aussehen? Es geht darum, ihn dadurch, dass wir uns mit seinen ausgesprochenen Stärken verbünden, über phantasiereiche Rollenspiele zwanglos hineinzuführen in bestimmte übende Prozesse mit besonderem Augenmerk auf: die Eigengestalt und Eigenbewegungswahrnehmung als fundamentale Autonomie- und Freiheitserfahrung; die Erweiterung der *Handlungskompetenz,* des Zutrauens in die eigenen Hände über plastisch-bildnerische Spielangebote. Bei alledem ist sehr wichtig das dialogische Geschehen, die Beziehungsebene. Später soll Robert in eine kleine Gruppe integriert werden, in der die Kinder Zirkus spielen und einfache «Kunststücke» aufführen. Die Eltern erhalten viele Anregungen für den Alltag, wobei es sich teils um körperliche Anwendungen (z.B. Fußbäder, Fußmassage mit anschließendem «Fußtast-Ratespiel») handelt, teils darum, den Jungen in praktische Tätigkeiten einzubeziehen (z.B. Brotbacken), teils um «homöopathisch» dosierte Mutproben. Ich muss es bei diesen allgemeinen Andeutungen belassen. Es sollte ja auch nur die Richtung angedeutet werden. Entscheidend ist, dass wir uns in einem Punkt richtig verstehen: Das Unwesen der «Kinderreparaturanstalten» muss ein Ende haben! Ebenso das Unwesen der normativen Pädagogik, die alle Kinder in ein bestimmtes, höchst fragwürdiges Entwicklungsschema pressen will. Therapie heißt übersetzt: helfende Begleitung. Wenn man das wörtlich nimmt, ist auch Pädagogik immer Therapie. Jedes Kind hat das Recht auf *seinen* Weg. Wir sind «nur» die hilfreichen Begleiter. Maßen wir uns nicht an, mehr zu sein. Was heißt «mehr»! Gibt es eine großartigere Aufgabe, als einem Kind dabei behilflich zu sein, sein *ganz und gar Eigenes* zu enthüllen und in die Welt hereinzutragen?

Die Idee der Kindheit.
Welchen Auftrag bringen
Sorgenkinder mit?

Was heißt überhaupt «gestörtes Kind»? Was verstehen wir denn unter «normal»? Und mit welchem Recht tragen wir auf Kinder, die sich *besonders* verhalten oder *besonders* entwickeln, so einen einengenden Normbegriff zu, der uns dann dazu veranlasst, sie als defekte oder reparaturbedürftige Wesen zu betrachten? Was ist eigentlich das Ziel einer Erziehung oder auch eines therapeutischen Lebenszusammenhanges, eines heilerzieherischen Lebenszusammenhanges?*

Ich möchte zur Einleitung etwas in Erinnerung rufen, was sehr viele von Ihnen kennen werden, eine Darstellung, ein kurzes Zitat von Rudolf Steiner aus dem 1. Vortrag des Heilpädagogischen Kurses, wo er Folgendes sagt:

«Wir haben ja im Grunde genommen gar kein weiteres Recht, über die Normalität oder Abnormalität des kindlichen Seelenlebens oder menschlichen Seelenlebens überhaupt zu reden ... Es gibt kein anderes Kriterium als dasjenige, was allgemein üblich ist vor

---

* Der für diese Ausgabe überarbeitete Vortrag, gehalten in der Heimsonderschule Brachenreuthe 1998, erschien erstmals in: *Zeitschrift Seelenpflege.* 3/1999, S. 12 ff.

einer Gemeinschaft von Philistern. Und wenn diese Gemeinschaft irgendetwas für vernünftig oder gescheit ansieht, so ist alles dasjenige abnormes Seelenleben, was nach Ansicht dieser Philister nicht normales Seelenleben ist. Ein anderes Kriterium gibt es zunächst nicht. Daher sind die Urteile so außerordentlich konfus, wenn man anfängt, indem man eine Abnormität konstatieren kann, dann alles Mögliche zu treiben und damit abzuhelfen glaubt. Stattdessen treibt man ein Stück Genialität heraus.» Und abschließend sagte er zu den wenigen Menschen, die damals den Impuls hatten, die anthroposophische heilpädagogische Bewegung ins Leben zu rufen: «Das Erste, was eintreten sollte, ist, dass der Arzt und Erzieher ein solches Urteil ablehnt; dass er hinauskommt über die Aussage ‹Das oder jenes ist gescheit, oder vernünftig› – nach den Denkgewohnheiten, die man so gewöhnlich hat. Gerade auf diesem Gebiet ist es von eminenter Notwendigkeit, überhaupt keine Kritik zu üben, sondern die Sache reinlich anzuschauen.»*

Das ist ein Zitat von ungeheurer Tragweite und man kann manchmal den Eindruck haben, dass auch die besten Impulse der heilpädagogischen Bewegung aus anthroposophischer Menschenkunde von den Zeitverhältnissen so überlagert werden, dass man diese Sätze vergisst, als eine Art Bonmot von Steiner behandelt

---

* Rudolf Steiner: *Heilpädagogischer Kurs.* Gesamtausgabe Bibl.-Nr. 317 (= GA 317). Dornach 1987. Vortrag vom 25. Juni 1924.

und dann doch die defektorientierte Brille aufsetzt und fragt: Was ist denn bei dem Kind «gestört» und wie können wir das reparieren?

Der heilpädagogische Kulturimpuls umfasst aber viel mehr als «nur» die Erziehung ungewöhnlicher Kinder. Wir leben in einer Zeit, in der die maßgeblichen gesellschaftlichen Kreise alles daran setzen, den sozialethischen Konsens, der ja doch nach dem Zweiten Weltkrieg (vor allem nach dem Reformschub der sechziger, siebziger Jahre) in einigen kapitalistischen Ländern, zu denen die alte BRD gehörte, ein ganz beachtliches Niveau erreicht hatte, rückgängig zu machen. Wohin geht der Trend? Es handelt sich um den Versuch, das Solidaritätsprinzip in den Abfalleimer der Geschichte zu werfen und das blanke Konkurrenzprinzip zum ersten und einzigen gesellschaftlichen Agens zu erheben.

Man verhöhnt soziale Anliegen und Haltungen als verschimmelten Traditionalismus oder «politisch korrekten» Starrsinn. Alles wird verdreht, der Rückschritt als Fortschritt verkauft. «Gutmenschentum» gehört interessanterweise zu den beliebtesten herablassenden Redewendungen im neoliberal-zeitgeistigen Vokabular. Seit ca. 20 Jahren wird dieses Gift der Idealisierung sozialer Gleichgültigkeit in großem Stil versprüht und sickert via Medien in das Bewusstsein der Mehrheit ein. Der Effekt ist beachtlich. Kaum mehr etwas ist zu spüren von dem sozialethischen Jugendimpuls der sechziger, siebziger Jahre, der ja bis weit in die achtziger nachgeklungen hatte. Man bewundert (wieder) das Recht des Stärkeren, bewundert die so genannte Siegermentalität, schaut auf zu den robusten Egoisten, die es verstehen, sich Vorteile zu verschaffen auf Kosten derer, denen solche Robustheit fehlt. Sieger sind auf Unterlegene angewiesen, sonst hätte das Spiel keinen Sinn. Und es gibt heute – Kehrseite des Siegerkults – keine größere Angst als die, auf der Verliererseite zu landen, nicht zu den Erfolgreichen, Schönen, Gutverdienenden, Anerkannten zu gehören. (Sprechen Sie einmal mit ein paar Jugendlichen. Sie werden sehen, wie tief diese Angst sitzt.)

Immer mehr breitet sich ein Klima der Verachtung von Schwäche, Leid, Gebrechen und Unterlegenheit aus, mithin ein Klima der Angst, dass man selbst eines Tages zu den Verächtlichen gehören könne.

Der heilpädagogische Impuls ist zu alledem die Antithese. Die Antithese, die sich, ich wage einmal diese Formulierung, der Unterstützung der geistigen Welt gewiss sein darf. Er – der heilpädagogische Impuls, richtig verstanden – verbürgt die Fortsetzung und Weiterentwicklung der ethischen Moderne (deren authentische Substanz in Steigers *Philosophie der Freiheit* komprimiert enthalten ist), oder sagen wir vorsichtiger: er *kann* ihre Fortsetzung und Weiterentwicklung verbürgen, wenn er sich mit der nötigen Kompromisslosigkeit gegen den oben skizzierten

Zeitgeist verwahrt. Es gibt, das steht mir deutlich vor Augen, auf Dauer keine andere Rettung vor den Kräften, die unsere Zivilisation in eine «posthumanistische» Barbarei hinabziehen wollen, als den heilpädagogischen Impuls, den eigentlichen sozial-therapeutischen Impuls der Gegenwart, zu stärken; ihn so zu stärken, dass er zu einer wirklichen Gegenmacht werde, zu einer sanften und doch unbeugsamen Gegenmacht. Dies kann und wird nicht auf spektakuläre, medienwirksame Art geschehen. Es wäre illusorisch zu glauben, wir könnten für unsere Anliegen hohe Druckauflagen oder Einschaltquoten erreichen. Es kommt auch nicht in erster Linic auf Masse an, wenngleich natürlich zu wünschen wäre, dass wieder eine wachsende Anzahl junger Menschen sich für heilpädagogische Aufgaben erwärmen könnten. (Und das wird geschehen – ich sehe bei den jetzt Zwölf-, Dreizehn-, Vierzehnjährigen hierfür wieder ein Potenzial.)

Es geht um die Qualität. Als ein aus sich heraus immer stärker werdender «subversiver» Unterstrom müsste sich der heilpädagogische Impuls in das Kulturleben hineinarbeiten auf allen dafür in Frage kommenden Wegen, um dasjenige, was ich andeutete als Zeittendenz, sozusagen von innen her mit der Substanz einer neuen Sozialität zu durchdringen und schließlich umzulenken. Um an eine solche Möglichkeit zu glauben, braucht man massenweise «naives Gutmenschentum» – na bitte, stehen wir dazu, stehen wir notfalls

auch kämpferisch und mit scharf geschliffener Wort-
klinge dazu, dann werden die jungen Menschen schon
merken, wo eigentlich der Fortschritt stattfindet und
wo es in Wahrheit nach Schimmel riecht. Das Motiv
der *grass-roots-revolution* (Graswurzelrevolution)
kommt mir in den Sinn.

Wir müssen uns ruhig und entschlossen (durch
unser Beispiel, durch die Überzeugungskraft der
Tat, aber natürlich auch dadurch, dass wir uns ein-
mischen in die öffentlichen Diskussionen mit einer
gewissen Leidensbereitschaft) widersetzen. Dies nicht
zuletzt dem Aufkommen einer «militanten Gesund-
heitsmoral», wie es Horst-Eberhard Richter ausdrückte, die den Prototyp des makellosen, starken, vitalen,
funktionstüchtigen, erfolgreichen, «der Allgemeinheit
nicht zur Last fallenden» Perfektionsmenschen zur
Idealnorm erklärt und jeden, der diesen Kriterien
nicht entspricht, als mangelhaftes Individuum ab-
qualifiziert, welches der Gesellschaft nur unnötige
Kosten verursacht. Kosten, die man sich, so wird in
aller Öffentlichkeit erörtert, eigentlich gar nicht erst
aufzuhalsen bräuchte. Und plötzlich steht die Frage
wieder im Raum: Haben behinderte, vollpflegebedürf-
tige oder irgendwie «abartige» Menschen überhaupt
ein prinzipielles Lebensrecht? Wäre es nicht eine
ethisch saubere Lösung, sie gar nicht erst ins Leben
hereinzulassen?

Einige Jahre vor seinem Tod bat mich Hans Müller-

Wiedemann in einem Brief,* dem er Textpassagen aus dem Buch *Praktische Ethik* des australischen Bioethikers Peter Singer beilegte (Singer plädiert u.a. für die Tötung schwerbehinderter Säuglinge und führt als Hauptargument die gesellschaftlichen Kosten an), alle Kraft aufzuwenden, um dieser Entwicklung entgegenzuarbeiten. Wir wissen, dass sie bereits weit fortgeschritten ist; wir wissen, dass – um ein sehr trauriges Beispiel zu nennen – die so genannten Down-Syndrom-Kinder buchstäblich auszusterben drohen. Wird bei der pränatalen Diagnostik ein solches Syndrom festgestellt und die Eltern wollen das Kind *trotzdem* zur Welt bringen, gelten sie heute schon als ausgemachte Trottel, ja sie müssen sich sogar vorhalten lassen, der Gesellschaft eine Last aufzubürden, also sozial unverantwortlich zu handeln. Man diskutiert ja immer offener darüber, dass das karitative Prinzip eigentlich ein unsoziales Prinzip sei. Wer wirklich sozial denke, müsse in Betracht ziehen, den Hilfebedürftigen die Hilfe zu verweigern. Denn es sei ungerecht, in einer Zeit der knappen öffentlichen Mittel, den Behinderten, Gebrechlichen, Schwachen, Alten zu geben, was den Gesunden, Starken, Jungen zustehe. Man wird die Be-

* Dr. Hans Müller-Wiedemann, Arzt und Heilpädagoge, war – berufen von Karl König – lange Jahre Leiter der Heimsonderschule Brachenreuthe, wo dieser Vortrag gehalten wurde, 20 Jahre nachdem ich dort meine heilpädagogische Ausbildung absolviert und von Hans Müller-Wiedemann wesentliche, vielleicht die wesentlichsten Anregungen für mein weiteres Wirken empfangen hatte.

griffe in ihr Gegenteil verkehren, hat Rudolf Steiner im Vorblick auf unsere Zeit wieder und wieder vorausgesagt. Daran sei das Wirken der Kräfte zu erkennen, die den neuen Christusimpuls, der sozusagen «in der Luft liegt», vereiteln wollen. Und in der Tat sind es ganz besonders die Zentralbegriffe der christlichen Ethik, die in ihr Gegenteil verkehrt werden. Unbarmherzigkeit ist soziale Verantwortung. Die Macht der Starken über die Schwachen ist Gerechtigkeit, Krieg ist Frieden.

«Heilpädagogik» beinhaltet drei Begriffe: «Heilen», «Kind» und «Führung» (= Agogik). Nicht «Reparatur», wohlgemerkt, sondern heilende, heilsame Führung. Dem Kinde eine heilsame Führung durch das Leben anzubieten, darum handelt es sich in der Heilpädagogik, und insofern, das wird sogleich deutlich, ist alle Pädagogik letztlich Heilpädagogik. Vorausgesetzt, wir denken die Begriffe ins Rechte. Hier stehen wir ja schon vor der Kardinalfrage: Was bedeutet es denn eigentlich, dem Kinde unsere «Führung» aus einer «heilenden» Intention anzubieten? Bitte, beißen wir uns jetzt nicht am Begriff der Führung fest. Er ist belastet, keine Frage. Aber ich verwende ihn nicht in der vorbelasteten Bedeutung. Ich verwende ihn sozusagen ganz unschuldig und keineswegs in Verbindung mit Macht, Gefolgschaft und so weiter. Der Führer dient. Er geht voran, erkundet das Gelände, sichert die Wege. Ein Scout. Beauftragt vom Kind. Konzentrieren wir uns also auf den Aspekt des «Heilsamen» in der Pädagogik.

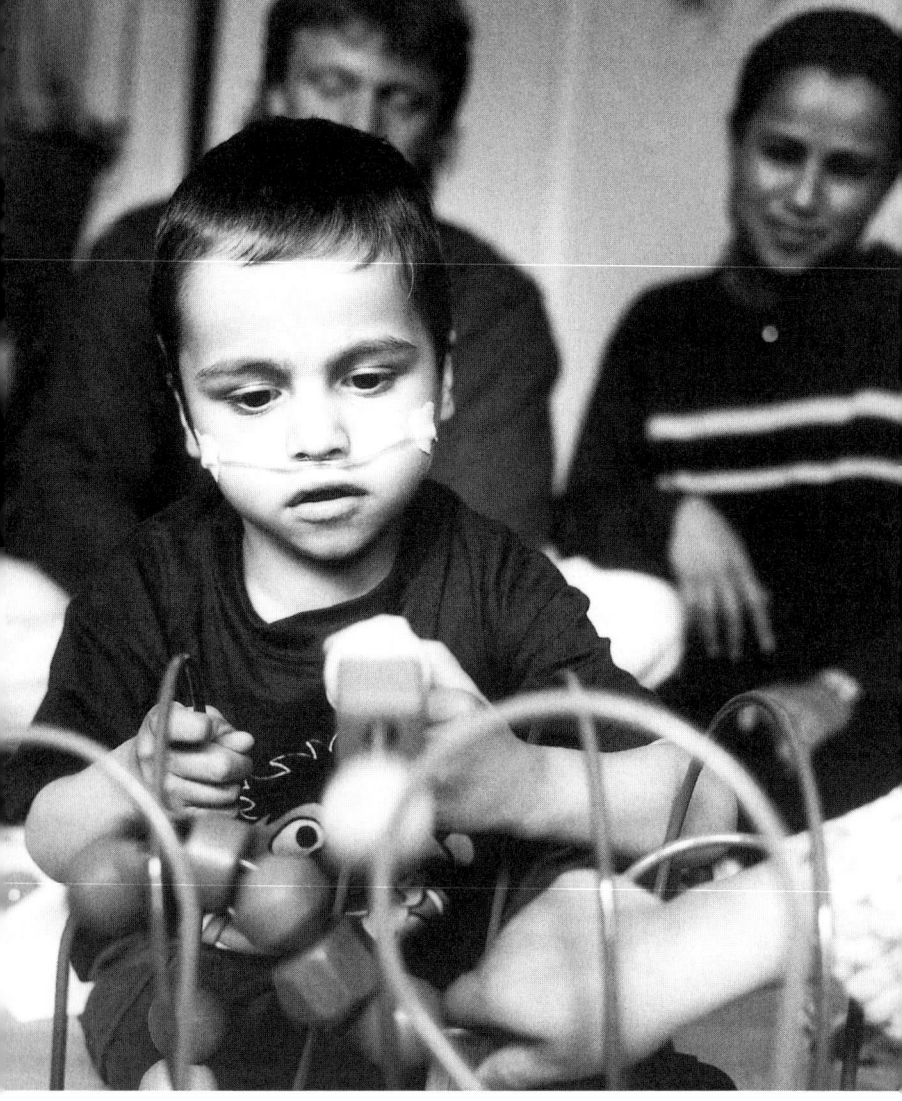

Die ganze «Funktionalitäts»- und «Dysfunktionalitäts»-Begrifflichkeit, die in der modischen Psycho-Szene allgegenwärtig ist, hat ja hier offensichtlich nichts zu suchen. Oder doch? Das ist die Frage. Man kann sagen: «Ich will diesem Kinde meine Führung durch die Wirren des Lebens anbieten und mich nach Kräften bemühen, dass ihm durch meine Hilfe Heilsames widerfahre»; oder man kann sagen: «Ich will dieses beschädigte, minderwertige, abnorme, dysfunktionale Wesen möglichst nahe an die funktionelle Norm herankonditionieren und zu einem nützlichen oder doch wenigstens unauffälligen Mitglied der Gesellschaft machen.» (Und immer schwingt hierbei unausgesprochen mit: «... denn anderenfalls müsste sein Daseinsrecht in Frage gestellt werden».)*

Zwischen diesen beiden Absichtserklärungen liegen Welten. Geistesgeschichtlich gesehen liegen dazwischen Jahrhunderte! Da schieben sich in unserer Zeit Jahrhunderte zusammen! Die zweite Absichtserklärung (Therapieziel: Funktionstüchtigkeit, Normie-

---

* Ich bedaure, dass der Ausdruck «minderwertige Kinder» immer noch ohne erklärende editorische Notiz im *Heilpädagogischen Kurs* Rudolf Steiners anzutreffen ist, und zwar gleich mehrfach. Angesichts der Tatsache, dass sich Steiner in demselben Buche mit aller Deutlichkeit gegen solche diskriminierenden Urteile verwahrt und dass zweitens die Druckfassung des Kurses aus Nachschriften angefertigt wurde, die Steiner nicht mehr durchsehen konnte, würde ich es für gerechtfertigt halten, diese Formulierung durch eine andere zu ersetzen.

rung) ist, man macht es sich im Allgemeinen nicht so recht klar, eine traurige Erblast jener Verirrungen des Denkens, die in ihrer letzten Konsequenz zu den furchtbaren Auswüchsen des Uniformitätsterrors und der Menscheninstrumentalisierung geführt hatte, wie sie für den Nationalsozialismus, aber auch für die kommunistischen Diktaturen kennzeichnend waren. Und was in diesen regressiven Zwangssystemen des 20. Jahrhunderts, in denen das «Anderssein», das «Sich-Abheben» vom unauffälligen Durchschnitt per se als Makel galt, geschah, das mutet wiederum an wie eine gespenstische Renaissance vorhumanistischer, archaischer Kulturzustände, in denen der Einzelne nichts zählte und noch kein Begriff von individueller Freiheit und Würde existierte, geschweige denn von Minderheitenschutz oder davon, dass niemand wegen seines Andersseins diskriminiert, benachteiligt oder irgendwelcher Willkür anheim gegeben werden darf. (Damit ist übrigens nichts Abfälliges über archaische Kulturen gesagt; gespenstisch wird die Sache immer dann, wenn in einem bestimmten Kulturkreis etwas längst Erstorbenes sein Haupt erhebt. Zur Unzeit. Man kann dann von kulturgeschichtlichen Widergänger-phänomenen sprechen.)

Die Gefahr des Emporkommens von Anschauungen, die, wenn auch in moderne wissenschaftliche Begrifflichkeiten gekleidet, aus abgelebter Zeit inspiriert sind, ist noch lange nicht gebannt. Ganz im Gegenteil. In den Gruften rumort es wieder kräftig, höchste Wachsamkeit ist geboten. Das bedeutet u.a., dass wir uns allen Bestrebungen entschieden widersetzen müssen, die darauf hinauslaufen, so genannte behinderte Menschen von der Maxime auszunehmen, dass niemand ein Recht hat, in das Schicksal eines anderen Menschen hineinzuregieren, hineinzumanipulieren, nur weil der Betreffende, um mit Steiner zu sprechen, vor «einer Gemeinschaft von Philistern» als «unnormal» erscheint.

Die zweite der oben zur Wahl gestellten Absichtserklärungen (therapeutisches Motiv: heilsame Führung) greift eigentlich, wenn man sie recht versteht, geistesgeschichtlich weit vor. Sie ist gesprochen aus einer Seelenstimmung, die heute noch nicht weit verbreitet ist, die in unserer Zeit wie ein Silberstreif am Horizont erscheint, wie eine Verheißung, um diesen feierlichen Ausdruck einmal zu wagen. Ja, dieser Satz ist wirklich gesprochen aus dem Geist der Utopie. Aus dem Geist einer erahnbar schon gegenwärtigen Zukunft. Rudolf Steiner hat oft hingewiesen auf die Chance, dass eine neue Kultur des wahren zwischenmenschlichen Interesses heraufziehen kann, wenn wir mit den evolutionsbildenden Kräften zusammenarbeiten, wenn wir namentlich zusammenarbeiten mit Christus, der wieder ganz nahe ist, aber nur in dem Maße eingreifen wird, in dem Menschen sich aus freiem Willen zu ihm hinwenden. Eine neue Kultur der sozialen

Sensibilität kann dann heraufziehen, in der die alten, philiströsen Bewertungen keine Rolle mehr spielen, weil ein Erkenntnisorgan sich öffnen wird, welches es dem Menschen ermöglicht, im anderen Menschen – in *jedem* anderen Menschen – «das Göttliche» (Steiner) zu *sehen*. Und das hat eben etwas zu tun mit dem Begriff des «Heilens», zumindest dann, wenn er im Zusammenhang mit Pädagogik erscheint. Anpassung an die funktionelle Norm? Nein, darum geht es überhaupt nicht, das ist eine regelrechte Bankrotterklärung, damit wäre der heilpädagogische Impuls kläglich vertan. Auch das Nützlichkeitsmotiv entfällt. Dieser elende «Eingliederungs-Begriff», wie er heute lebt in der verräterischen Formulierung, man müsse die Behinderten oder Verhaltensgestörten «zu nützlichen Mitgliedern der Gesellschaft» machen (was ja bedeutet, dass sie bis dahin als *unnütz* betrachtet werden), ist doch nur irreführend, ja er ist sogar gefährlich. Ich habe so viele, wie man so sagt, behinderte Menschen kennen gelernt – Kinder, Jugendliche, Erwachsene –, die mein Leben ungeheuer bereicherten, die das Leben ganzer Gemeinschaften ungeheuer bereicherten – eben gerade weil es bei ihnen ganz aussichtslos war, sie «eingliedern» zu wollen im Sinne von Normalisierung; weil sie Sonderlinge waren und bleiben durften. Ausgesprochene Sonderlinge, die etwas zu geben hatten, was keiner von uns «Normalen» geben kann!

Wir stehen also jetzt vor einer ganz schwierigen

Frage: Was wollen, was dürfen wir denn überhaupt als Heilpädagogen? Christian Bärtschi hat einmal sinngemäß gesagt: «Heilen hat wohl auch etwas mit Ganzwerden zu tun.» Hier klingt das Motiv der *Einseitigkeiten* an, die in vielen so genannten Behinderungen anzutreffen sind, und ich denke, wir kommen der Sache schon etwas näher, wenn wir den Standpunkt einnehmen: Einerseits sind diese Menschen, die wir in heilpädagogischen Einrichtungen antreffen, aufgrund bestimmter starker Einseitigkeiten ihres Wesens wirklich genialische, bewundernswerte Zeitgenossen, man staunt über sie und kann sich ganz mickrig fühlen neben ihnen, ja, sie lehren einen, auf die eigene «ausgewogene Vielseitigkeit» nicht mehr ganz so stolz zu sein. Man beginnt die eigene Daseinsverfassung gewissermaßen wie einen Universaldilettantismus zu empfinden angesichts der genialischen Einseitigkeiten, Spezialbegabungen oder, ganz einfach, bestechend originellen Wesenszügen, die man da antrifft bei den Seelenpflege-bedürftigen Kindern und Jugendlichen. (Doch wer ist eigentlich *nicht* der Seelenpflege bedürftig?) Und andererseits erlebt man doch: Es könnte eine Bereicherung, eine heilsame Bereicherung für das betreffende Kind bedeuten, sein Wesens-, Wahrnehmungs- und Interessensspektrum, sein Fähigkeiten- und Ausdrucksspektrum zu erweitern. Hierbei behutsame Hilfe zu leisten, scheint mir ein berechtigtes heilpädagogisches Anliegen zu sein, dies

allerdings (ich möchte dies besonders betont wissen) *bei voller Respektierung der Genialität, die gerade in der Einseitigkeit liegt.*

In der Tat kann man ja in der verblüffend originellen, markant individuellen Art und Weise, wie sich diese Kinder darleben, eine Entschiedenheit wahrnehmen, die nicht von dieser Welt ist. Eine Schicksalsentschiedenheit, die Bewunderung abverlangt. Und man soll nur ja aufhören mit der Redensart, die so genannten Behinderten seien weniger individuelle Menschen als die so genannten Normalen. Ja, das hätten wir vielleicht gerne. Es ist aber ein sehr verkürzter Individualitätsbegriff, der diesem Gerede zugrunde liegt. In Bezug auf das Erden-ich (das Kleinzuschreibende) stimmt es schon. Fragen wir hingegen nach dem Himmels-ICH (dem Großzuschreibenden), dann stimmt es eben gerade nicht. Die vermeintlich Irrsinnigen, sagt Steiner, sind den Göttern näher. Damit sind sie auch ihrem wahren ICH näher. Diesen Gedanken sollten wir nie vergessen.

Von allergrößter Wichtigkeit ist im Hinblick auf die angedeutete «Erweiterungshilfe» oder «Ergänzungshilfe», dass ich als Heilpädagoge lerne, nicht irgendwie nach eigenem Ermessen oder nach einem schematischen Übungsplan vorzugehen, sondern durch erhöhte Aufmerksamkeit und echte Beziehungsaufnahmen dem betreffenden Kinde gleichsam abzulauschen, was ich ihm zumuten darf, womit es einverstanden ist (oder nicht). Man merkt dann schon, ob eine freudige Bereitschaft im Prinzip vorhanden ist, mag auch das beharrliche Üben vielleicht einigen Protest hervorrufen. Das ist doch bei den «normalen» Kindern keinen Deut anders. Umso größer dann die Freude über das neu Errungene. Andererseits muss man sehr wachsam, sehr respektvoll mit Widerständen umgehen. Ich habe es immer wieder gesagt: Achtet auf die von ganz tief innen kommenden Weigerungen der Kinder, dann lernt ihr etwas über Karma. Auch die ungewöhnlichen Kinder, die wir behindert nennen, ja ganz besonders sie, werden von ihrem Genius geführt, und man erkennt diese Führung unter anderem an der heftigen, beharrlichen Weigerung, sich auf bestimmte Dinge einzulassen oder zu einem bestimmten Zeitpunkt bestimmte Lernschritte zu vollziehen. Wenn der Heilpädagoge im Begriff ist, gegen den Genius des Kindes etwas erzwingen zu wollen, so bemerkt er es daran, dass das Kind sich nicht nur auf die typische Art sträubt, wie sich Kinder eben gelegentlich sträuben, sondern dass es mit echter Bestürzung, mit Trauer und Fassungslosigkeit reagiert und dem Erzieher durch sein Verhalten ein geradezu todesmutiges Nein signalisiert. Davor muss man Respekt haben! Vielleicht *darf* Moritz in diesem Leben nicht schreiben und lesen lernen, weil er es seinem Engel versprochen hat. (Klingt verrückt, ich weiß, aber den Mut zu solchen verrückten Erwägungen brauchen wir als Heilpädagogen.) Vielleicht darf Karlchen *jetzt noch nicht* an die Buchstabenwelt herantreten, sondern viel später erst. Warum sollte ein behindertes Kind (oder auch ein «normales») prinzipiell keine guten Gründe haben, sich gegen etwas zu weigern? Wieso unterstellt man das einfach? Vielleicht hat Franziska *sehr* gute geheimnisvolle Gründe dafür, dass sie kaum sprachlich kommuniziert, obwohl sie eigentlich dazu in der Lage wäre …

Das Prinzip der «Erweiterungshilfe» ist richtig, aber man muss es so anwenden, dass man stets mit dem innersten leitenden Willen des Kindes zusammenarbeitet, und das ist eine Frage der Aufmerksamkeit, der Achtsamkeit. Darin besteht die eigentliche, große Kunst in unserem Beruf. Das hat man nie zu Ende gelernt. Darum muss man sich immer aufs Neue und nie nachlassend bemühen.

Nähern wir uns dem Begriff des «Heilsamen» noch ein Stück weiter. Es war Emmanuel Lévinas, der einmal schrieb, das Charakteristische des Menschen bestehe nicht darin, dass er ein Heiliger sei, sondern dass er die «Perspektive der Heiligkeit» einnehmen könne. Hier erscheint nun das Wort «heil(sam)» im Zusammenhang mit «heilig». Lévinas betonte, dass dies in einem ganz und gar «untheologischen» Sinne gemeint sei. Für ihn, den großen Verantwortungsethiker und Beziehungsphilosophen, war «die Perspektive der Heiligkeit» schlicht das *Dasein für den Nächsten* mit ungeteilter Aufmerksamkeit. Er wusste: Ein Mensch

kann einem anderen Menschen nichts Kostbareres und eben auch nichts Heilsameres schenken als echte, tiefe Anteilnahme. Nicht Mitleid. Anteilnahme! Nehmen wir den Begriff aus der alltagssprachlichen Verdünnung heraus. Anteilnahme, in der wahren Bedeutung des Wortes, ist Liebe. Eine reifere Form der Liebe als die von Gefühlsstürmen aufgewühlte (gegen die aber nichts Abfälliges gesagt sein soll, das Leben wäre um so vieles ärmer ohne sie). Im Zustand der Anteilnahme hat sich die Liebe über alles Begehren, über alle Forderungen, Erwartungen, Absichten und Indiskretionen hinausgeschwungen – und deshalb wird sie *sehend*. Dieses Gesehenwerden aber teilt sich dem, der es erfahren darf, als etwas Heilsames mit, als etwas zuinnerst Ermutigendes, Stärkendes. Und wir dürfen, Lévinas folgend, ebenso aber Steiner folgend, sagen: Die neue Kathedrale ist der unsichtbare Licht-Raum, der zwischen den Menschen entsteht, ist in unserer Zeit nicht nur der «heilige» Raum, der Andachtsraum, es ist auch der Heil-Raum, der Seelenpflege-Raum. Die neue Kathedrale ist zugleich die neue Klinik.

Wir sind jetzt so weit, dass wir «heilsam», insoweit es sich auf die Heilpädagogik bezieht, definieren können als «anteilnehmend», wobei ich hoffe, deutlich gemacht zu haben, dass Anteilnahme in der eigentlichen Bedeutung des Wortes nichts Profanes, nichts Beiläufiges, sondern etwas überaus Bedeutsames ist: ein hohes (aber praktikables) Ideal. Man ist nicht einfach so aus dem Handgelenk dazu in der Lage. Man muss sich bemühen. In meinen Augen ist der Weg der Anteilnahme ein moderner Einweihungsweg.

Man sieht nun doch deutlich, wie sich die Geister scheiden in unserer Zeit. Zwischen dem defektorientierten, reparaturorientierten Begriff von Heilung und demjenigen «in der Perspektive der Heiligkeit» (was, um es noch einmal zu sagen, nicht bedeutet, dass wir Heilige werden sollten oder könnten, sondern dass wir dazu imstande sind, das «Heilige» im anderen wahrzunehmen) lassen sich eigentlich keine Brücken mehr bauen. Konzessionen sind hier nicht möglich. Ich kann ein Kind nicht als defektes, defizitäres Wesen ansehen und gleichzeitig mit seinem inneren Heiligtum in Verbindung treten wollen. Um Letzteres zu können, muss ich die scheinbar so logische, scheinbar so objektive Bewertungsmaschine in meinem Kopf, die mich dauernd veranlasst, nach äußeren Merkmalen zwischen «intakten» und unzulänglichen Menschen zu unterscheiden, wirklich abstellen. Erst wenn ich diese Maschine wirklich abgestellt habe, bin ich dazu in der Lage, dem Kinde ein Partner zu sein, durch den es sich gestärkt und ermutigt fühlt in seinem Innersten. Viele von diesen so genannten behinderten Kindern brauchen ja eine Vertrauensperson, eine echte Freundesperson, die ihnen hilft, sich ein wenig mehr zu zeigen hier auf der Erde, statt sicherheitshalber in der Himmelsrückverbindung zu bleiben, sozusagen einen

Sicherheitsabstand zur diesseitigen Realität zu wahren (was wir dann erleben als einen Zustand des Verhüllt-seins). Sie neigen dazu, sich nur in der Nacht den Engeln, nicht aber am Tage den Mitmenschen offenbaren zu wollen. Dies sei als Gleichnis oder wörtlich verstanden. Eine echte Freundesperson, die jene Bewertungsmaschine in ihrem Kopf abgestellt und dafür die Kraft echter Anteilnahme aktiviert hat, ist aber für das – sagen wir – erdenmisstrauische Kind ein kleines bisschen wie ein Engel in Menschengestalt.

Und, verehrte Anwesende, was ich eben sagte, das gilt im vollsten Sinne auch für Kinder, bei denen wir zunächst den Eindruck haben, sie seien vollkommen stumpf und ausdruckslos und bekämen überhaupt nichts mit; die vielleicht verkrümmt im Rollstuhl sitzen, sich kaum bewegen und gar nicht sprechen können, vielleicht auch noch seh- oder hörbeeinträchtigt sind. Ihnen gegenüber ist es von ganz besonderer Wichtigkeit, dass wir nie nachlassen in dem Bemühen, eine stumme, «nonverbale» Verständigung herzustellen. Natürlich kann man mit ihnen reden, aber darauf kommt es nicht in erster Linie an. Die Eröffnung des *inneren* Verständigungsraumes ist hier ausschlaggebend. Durch eine innere Aktivität des fragenden, lauschenden Zugewandtseins, ohne jede Aufdringlichkeit, ganz diskret, kann ich mit einem solchen Kind in Verbindung treten. Man muss es ausprobieren, sonst glaubt man es nicht so richtig. Dazu brauche ich freilich die unerschütterliche Überzeugung, in dem schwer behinderten Kinde einen Menschen vor mir zu haben, der im Seelenkern vollständig unbeeinträchtigt ist, dem nur die Kommunikationswerkzeuge fehlen. Unter dieser Voraussetzung können auf einer geheimnisvollen Ebene Dinge geschehen, mit denen man nie gerechnet hätte. Aber der Lohn der Mühe kann auch ganz offenkundig sein. Man beginnt nach und nach die reduzierte Laut- und Körpersprache eines solchen Kindes zu verstehen. Und man staunt, wie unerwartet groß doch sein «Sprachschatz» ist innerhalb des maximal eingeschränkten Spektrums von Äußerungsmöglichkeiten, welches ihm zur Verfügung steht. Hier muss ich immer an das Buch *Mein linker Fuß* von Christy Brown denken. Unglaubliche Geschichte. Nur den linken Fuß konnte dieser spätere Schriftsteller bewegen. Und der Zufall (oder doch eher der Himmel?) schickte ihm eine Pflegerin, die bemerkte, dass er mit dem linken Fuß eigentlich alles «sagen» konnte.

Werfen wir nun zuletzt noch einen Blick auf den Begriff «Kind», für den die Silbe «päd» in dem Wort Heilpäd-agogik steht. Damit kommen wir zurück auf den heilpädagogischen *Kulturimpuls,* von dem ich sagte, er ginge weit hinaus über die Aufgabe, ungewöhnliche Kinder und Jugendliche zu begleiten als Heimerzieher oder Lehrer. Es war ja vor allem Karl König, der einen erweiterten Heilpädagogikbegriff ins Spiel brachte. Verschiedentlich sagte er, aus der Heilpädagogik könne eine ganz neue Kultur der Zwischenmenschlichkeit hervorwachsen, ein Heilimpuls für das ganze soziale Leben. Und in diesem Kontext (auch darauf hat König einmal aufmerksam gemacht) steht *Kind* nicht nur für einen Lebensabschnitt. Es steht für eine Qualität. Für eine überzeitliche Qualität. Gemeint ist das *Kindliche* des Menschen: sein unversehrter, unkorrumpierter Wesenskern, sein innerer Unschuldsraum. Das so verstandene *Kind* ist alterslos. Mag das Leben noch so viele Schalen um diesen kindlichen Kern gebildet haben – er ist «in der Perspektive der Heiligkeit» wahrnehmbar am anderen Menschen als sein «Göttliches», und wenn wir Lévinas und Steiner folgen, dann *schulden* wir dies einander eigentlich. Zumindest das entsprechende Bemühen schulden wir einander. Jeder Mensch schuldet es jedem anderen Menschen, mit dem ihn das Schicksal zusammenführt. Jene reife Liebe, die wahres Interesse ist, vermag den Blick so zu klären, dass ich im anderen sein *Ureigentliches* sehe und ihm dadurch helfe, es in sich selbst zu erleben. Das ist ein Geheimnis und zugleich eine ganz nüchterne spirituelle Tatsache, an der wir erkennen können, in welchem Maße wir uns der Verantwortung entziehen, die mit unserem Hiersein auf der Erde verbunden ist. Wenn wir begleichen wollen, was wir einander von jeher schon schulden, so beginnt alles diesbezügliche Bemühen mit einer Veränderung der Wahrnehmung, mit dem Erüben jener Kraft des Interesses, von der

vorhin die Rede war. Und dabei handelt es sich um die allmähliche Aufschließung des inneren Wahrnehmungsorgans für das, was im anderen Menschen die Qualität des Kindhaften ist. Wir stoßen hier auf etwas ganz Großartiges, Bewegendes. Auf den Kern der *Kindheitsidee.* Aus ihr entspringt der heilpädagogische Kulturimpuls.

Das Sich-auf-die-Suche-Machen nach dem höheren Ich des anderen, nach seinem ungeborenen (im Unschuldsraum verbleibenden), zeitenthobenen Wesensanteil – den man in früheren Zeiten noch als «inneres Heiligtum» bezeichnen durfte, ohne ausgelacht zu werden –, das ist Heilerziehung in einem erweiterten Sinne. Man sieht hier wieder, dass es zeitlos gültige Wahrbilder gibt, die immer wieder dann, wenn kulturgeschichtlich etwas Neues ansteht, in Erinnerung gebracht und aktualisiert werden müssen.

Wir brauchen einander als Individuationshelfer, denn «Selbstfindung» setzt Wahrgenommenwerden voraus, und das lehren uns die ungewöhnlichen Kinder. Sie geben uns Gelegenheit, etwa zu erkennen und zu erüben, was das ganze soziale Leben in Zukunft wird durchdringen müssen.

Zuerst gilt es – um auf die heilpädagogische Arbeit im engeren Sinne zurückzukommen – zu begreifen, dass es nicht um «Eingliederung» im Sinne von Normanpassung gehen kann. Das hat ja schon Georg von Arnim in seinem früher viel gelesenen Aufsatz

Individualisierung statt Normalisierung deutlich zum Ausdruck gebracht. Aber natürlich kann es auch nicht einfach um «Verwahrung» in einer möglichst menschenfreundlichen Umgebung gehen. Ich zitiere wiederum aus Rudolf Steiners *Heilpädagogischem Kurs:* «Sehen Sie, beobachten Sie einmal, welcher Unterschied es ist, wenn Sie an das Kind mehr oder weniger gleichgültig herantreten oder wenn Sie an das Kind herantreten mit wirklicher Liebe. Es ist sofort, wenn man mit wirklicher Liebe an das Kind herangetreten ist, wenn der Glaube aufhört, dass man mit technischen Kunstgriffen mehr machen könne als mit wirklicher Liebe, sofort die Wirksamkeit in der Erziehung da, besonders bei abnormen Kindern.» (Wenn hier das Wörtchen «abnorm» erscheint, das damals noch nicht faschistisch verseucht war, sondern lediglich *von der Norm abweichend* bedeutete, so muss man immer die Worte Steiners im Ohr haben, die ich einleitend zitierte und aus denen deutlich wird, wie unwohl ihm eigentlich bei solchen Formulierungen war.)

Diese Gesinnung, dass eigentlich die Liebe das Heilsame bzw. Heilerzieherische ist, muss, so sagte Steiner, aus der heilpädagogischen Bewegung «herausblühen» als das Wesentliche. Und was demgegenüber im Einzelnen angegeben wurde in den Kinderbetrachtungen des Kurses, das solle angesehen werden wie ein Untergrund, aus dem diese «Gesinnungspflanze» aufsprießen kann.

Eine zunächst so lapidar klingende Forderung wie «Respekt vor dem Anderssein des anderen», Respekt vor dem *Besonderen,* das wir nicht mehr «absonderlich» nennen wollen, hat also, das ist hoffentlich klar geworden, eine ungeahnte Tragweite und darf nicht Lippenbekenntnis bleiben. In der ambulanten Arbeit, wo wir es überwiegend mit so genannten verhaltensgestörten Kindern zu tun haben (aber durchaus auch mit solchen des klassischen heilpädagogischen Spektrums), stehen wir diesbezüglich natürlich vor einer noch größeren Schwierigkeit als in einem Heimzusammenhang. Wir ringen um einen Gesundheitsbegriff, um einen Therapie- und Erziehungsbegriff, der von den mechanistischen, neurobiologisch vereinseitigten Auffassungen etwa in Hinsicht auf hyperaktive Kinder wirklich Abstand nimmt, und damit macht man sich Feinde in der heutigen Zeit. Tag für Tag werden uns Kinder vorgestellt mit dem Ansinnen, diese oder jene Störung zu «reparieren», dieses oder jenes unerwünschte Verhalten in möglichst kurzer Zeit möglichst effizient und nachhaltig abzustellen. Nun müssen wir einen Weg finden, die Menschen im Umkreis des jeweiligen Kindes davon zu überzeugen, dass ein solches Vorgehen nicht mit unseren Grundsätzen vereinbar ist, sondern dass uns einzig und allein interessiert, ob und wie wir das Kind darin unterstützen können, sich gemäß seinem eigenen Schicksalswillen «authentisch» zu entwickeln, um diesen Modeausdruck einmal ins Spiel zu bringen – auch dann, wenn sich zeigen sollte, dass «Authentizität» in diesem Falle eine «Abnormität» im Sinne von Normabweichung einschließt. Wenn es gelingt, die Eltern und andere nahe stehende Menschen davon zu überzeugen, ist viel gewonnen. Dann kann sich ein «schützender Kreis» um diese Kinder bilden, der im Idealfall besteht aus den wichtigsten Lehrern, den Eltern, vielleicht dem Arzt, der das Kind schon lange kennt, dem Therapeuten, der hinzugerufen worden ist, und anderen nahen Bezugspersonen des Kindes. Wir versuchen dann, in diesem Kreis wirklich gemeinsam zu üben, wie man so ein kleines Wesen ganz neu anschauen kann, nämlich so, dass nicht immer das «Störende» im Vordergrund steht, sondern tatsächlich etwas sich verschiebt, als würden die Größenordnungen sich verändern, die Bedeutungen. Dann kann es geschehen, dass allmählich bestimmte Qualitäten, die von niemandem mehr wahrgenommen wurden, in den Vordergrund treten: die Besonderheiten, die feinen Dinge, die man so nur – ich zitiere Steiner – mit der «Andacht zum Kleinen» wahrnehmen kann.

Die so genannten schwierigen Kinder sind also Stifter von freien Gemeinschaften, in denen eine Kultur des Verstehens geübt wird, die es schlechterdings nirgends sonst auf der Welt gibt. Ich sage dies ohne Übertreibung. In diesem Bemühen finden sich wildfremde Menschen zusammen aus reiner, selbstloser Zuwendung zu einem hilfsbedürftigen Wesen. Das sind Gemeinschaftsbildungen, die neu sind in unserer Zeit, gestiftet von den Kindern. Man darf hier ruhig von Selbstlosigkeit sprechen. Ich sage ja nicht, wir müssten durch und durch selbstlose Wesen werden. Aber in solchen Situationen kann Selbstlosigkeit aufblitzen. Die Frage ist nur: Geschieht dies alles zufällig? Sicher, man könnte sagen: Da bildet sich eine Gemeinschaft der Not gehorchend. Doch ich schlage vor, dass wir zumindest hypothetisch einmal in Betracht ziehen, es sei eine *Intentionalität* vonseiten der Kinder mit im Spiel. Das würde bedeuten (ich verbleibe an dieser Stelle bewusst im Konjunktiv): Diejenigen Kinder, um die sich Gemeinschaften eines neuen Verstehensbemühens, Gemeinschaften einer neuen sozialethischen Praxis bilden, trügen es in ihren Schicksalsabsichten, *dass* sich solche Gemeinschaften bilden können. Sie wären dann nicht nur in einem metaphorischen, sondern in einem ganz konkreten Sinne als Stifter zu betrachten. Ihr Auftrag wäre es, Keimzellen eines neuen Gemeinschaftsgeistes zu schaffen, z.B. in einem heilpädagogischen Ambulatorium oder in einer Heimgemeinschaft. Sie wären dann die eigentlichen Heimgründer und Heimleiter auf der geistigen Ebene. Das biete ich als Bild an, sage aber dazu, dass es sich mir persönlich als ganz konkreter Sachverhalt darstellt. Solche Erwägungen gelten in der heutigen Zeit als abgehobener esoterischer Firlefanz, das ist

mir schon klar. Sei's drum. Nehmen wir es positiv. «Verrückte» Kinder brauchen «verrückte» erwachsene Lebensbegleiter, die sich zwar in der Normalität unserer Lebens- und Bewusstseinsverhältnisse bewegen können, aber den Teufel tun, sich dieser Normalität in ihrem Denken zu unterwerfen.

Welches sind die besonderen Kennzeichen solcher neuen Gemeinschaften? Entscheidend ist das dort waltende Bemühen, Verständigungsräume, Dialogräume zu schaffen, zu denen all dasjenige keinen Zutritt hat, was uns im sonstigen Leben zu den Erzegoisten macht, die wir ja alle mehr oder weniger sind. Die gewöhnlichen Ängste und Neidereien, Begehrlichkeiten und Eifersüchteleien, der gewohnte Groll, die gewohnte Rechthaberei, die Machtkämpfe – all das soll draußen vor der Tür bleiben. Wenigstens für die Stunden, die dafür reserviert sind, gemeinsam einen unsichtbaren schützenden Kreis um ein Kind zu bilden, etwa während einer Kinderkonferenz. Auch die Haltung, einen Nutzen, einen irgendwie gearteten Profit, materiell oder immateriell, erzielen zu wollen, wie sie etwa in dem Fragesatz sich verrät: «Und was hat es mir/uns nun gebracht?», sollte im Vollzug solchen gemeinsamen Bemühens abgelegt werden. Die Bemerkung: «Es muss etwas Praktikables dabei herauskommen», zeigt, dass der richtige Geist noch nicht waltet in der betreffenden Versammlung. Man hat dann noch nicht begriffen, in welche Richtung das Bemühen geht,

nämlich dahin, wirklich eine ganz neue, ganz andere
Ebene zu erklimmen, wo – ich deutete es vorhin schon
an – der Altruismus zum Gemeinschaftserlebnis wird,
wo also gerade diese Fixation auf «handgreifliche Re-
sultate» nur noch hinderlich ist.

Wenn dies bis zu einem gewissen Grad gelingt,
strahlt es auf die ganze Heimgemeinschaft oder The-
rapeutikumsgemeinschaft aus, aber es strahlt auch auf
das Kind aus. Für alle Beteiligten – gerade auch für
die Eltern, die wir im Rahmen der ambulanten Arbeit
natürlich hinzuziehen zu solchen Konferenzen – ja
sogar als Hauptpersonen betrachten und behandeln –,
ist es ein ganz neues, staunenswertes Erlebnis. Man-
che sagen: «Wir haben noch nie erlebt, dass man in
einer solchen Weise über ein Kind sprechen und sich
im gemeinsamen Bemühen um ein Kind verbunden
fühlen kann ... Und nun ist es auch noch *unser* Kind,
über das in letzter Zeit fast nur noch negativ geredet
wurde, sogar von uns selbst.» Ich habe immer wieder
erlebt, wie Mütter und Väter, die, salopp gesagt, auf
einer ganz anderen Wellenlänge funkten, durch solche
Erfahrungen wirklich eine Wesensveränderung durch-
machten und zuletzt ihrem Sorgenkind dankbar waren,
dass es ihnen dies ermöglicht hatte. Alles Zufall? Gar
zu deutlich steht mir manchmal vor Augen, wie die
Kinder ihre Eltern sozusagen an die Hand nehmen und
irgendwohin führen, wo sie – die Eltern – lebenswen-
dende Impulse bekommen. Oft frage ich mich: Wer

erzieht eigentlich wen? Wer *führt* eigentlich wen? Da gibt es unterschiedliche Ebenen, ganz gewiss.

Es geht also wiederum – um dieses Motiv kreist ja dieser Vortrag ständig – um die Qualität der Anteilnahme, des wahren Interesses, diesmal als gemeinschaftliche und gemeinschaftsbildende Kraft. Rudolf Steiner hat in einem für mich maßgeblichen Vortrag, aus dem Zyklus *Der Tod als Lebenswandlung*, über diese Qualität gesprochen.

«Es wird ein Zeitpunkt kommen, den die Menschen nicht verschlafen sollen, wo die Menschen einen anregenden Impuls aus der geistigen Welt heraus durch ihren Engel empfangen werden, der dahin gehen wird, dass wir ein viel tieferes Interesse an jedem Menschen haben werden, als wir geneigt sind heute zu haben. Diese Vertiefung des Interesses an unseren Mitmenschen soll sich nicht bloß etwa so subjektiv entwickeln, wie man sich das so bequem vorstellt, sondern mit einem Ruck, indem tatsächlich den Menschen eingeflößt wird von spiritueller Seite ein gewisses Geheimnis, was der andere Mensch ist. Ich meine damit etwas ganz, ganz Konkretes, nicht irgendwelche theoretische Erwägung, sondern die Menschen erfahren etwas, was sie an jedem Menschen tief interessieren kann.»*

---

* Rudolf Steiner: «Was tut der Engel in unserem Astralleib?» Vortrag vom 9. Oktober 1918, in: *Der Tod als Lebenswandlung.* GA 182. Dornach 1986.

Was da zu einem konkreten Erlebnis wird, so heißt es weiter, wenn man dieses Engelsgeschenk annimmt, ist nichts Geringeres als das Gewahrwerden der *Göttlichkeit* eines jeden Menschen! Auf diese Äußerung Steiners habe ich ja schon hingewiesen und erinnere noch einmal an Lévinas *Perspektive der Heiligkeit*. Dostojewski beschrieb dies so: «Lieben heißt, einen Menschen so sehen, wie Gott ihn gemeint hat.» Dies steht uns als eine neue Wahrnehmungsqualität in der heutigen Zeit zur Verfügung, wenn wir es ergreifen. Ergreifen heißt aber Üben. Es fällt uns nicht einfach zu.

In demselben Vortrag baut Steiner eine erschütternde Alternative auf. Diese Qualität zu entwickeln, ist die einzige Möglichkeit, so sagt er, einer Tendenz Einhalt zu gebieten, die sonst in eine unvorstellbare Sexualdämonie hineinführen wird. Wir erleben heute, dass sich die sexuelle Grausamkeit, vor der Steiner damals warnte, in erschreckender Weise namentlich an Kindern austobt. Zugenommen hat: Kinderpornografie, Kinderprostitution – in den «besten» Kreisen! Entweder es wird die Qualität des spirituellen Interesses errungen, oder es brechen durch den spirituellen Hohlraum, der entsteht, wenn diese Qualität nicht errungen wird, andere Kräfte herein, deren Wirksamkeit darin besteht, dass sie den Menschen, ansetzend bei seiner Sexualität, in die Entmenschlichung hineintreiben wollen. Der Auftrag der Zeit, *die Sexualität zu ver-*

menschlichen – zweifellos ein bedeutsames Motiv der gegenwärtigen Epoche –, wird in sein Gegenteil verkehrt. Heute schon zeigt sich deutlich, dass vor allem die Kinder im Visier der genannten dehumanisierenden Kräfte stehen. Zwischen dem Angriff auf die Liebe via Entmenschlichung («Abspaltung») der Sexualität und dem Angriff auf die Kindheit, der sich auf vielen Ebenen vollzieht, besteht ein innerer Zusammenhang. Was wir also heute besprechen, ist in einem viel größeren Kontext zu sehen, als wir gemeinhin meinen, wenn wir so in unserem Erzieher-, Therapeuten- oder Elternalltag gefangen sind. Wir befinden uns in einer bewusstseinsgeschichtlichen Schwellensituation.

Natürlich birgt der vorhin von mir formulierte Anspruch, in dieser Wendezeit Lebens- und Arbeitsgemeinschaften zu gründen, die Pflegestätten der Solidarität, des gegenseitigen Interesses, mithin des Sich-Kümmerns um andere im Geiste einer, ich möchte sagen, fröhlichen Selbstlosigkeit sein sollen, auch einigen sozialen Zündstoff. Es wird ja gerade in den Heimen oft ein hohes Maß an Altruismus, um nicht zu sagen Selbstverleugnung *gefordert,* was einen an Grenzen führt, und hier muss die Gemeinschaft dann wiederum dafür sorgen, dass jeder zu seinem Eigenen kommt, auch im ganz vordergründigen Sinne. Diese Konflikte sind notwendig. Man kann eben nicht einfach sagen: Werdet alle selbstlos. Das ist ein Unsinn, noch nicht einmal erstrebenswert, wenn man es genau bedenkt. Mit einer aufgezwungenen Selbstlosigkeit, die dazu führt, dass die betreffenden Menschen nur noch mit einer vorwurfsvollen Leidensmiene herumlaufen, ist natürlich überhaupt nichts gewonnen. Man könnte vielmehr sagen: Die Selbstheit muss im Laufe der Zeit aus freien Stücken hinaufverwandelt werden auf eine Ebene, in der man es durchaus als eine Art egoistischen Genuss empfindet, andere zu beschenken, für andere da zu sein. Gleichwohl: Im Kern, der Richtung nach, geht es darum, Gemeinschaft zu bilden, in denen alles zurücktreten soll dafür, dass die Schutzbedürftigen in die Mitte genommen werden können. Damit ist das sozialethische Prinzip benannt, welches heute eigentlich wirksam werden müsste, damit die Entwicklung in eine positive Richtung fortschreiten kann. Die Schutzbedürftigen in die Mitte zu nehmen und alles andere demgegenüber zurücktreten zu lassen. Die gesellschaftliche Entwicklung vollzieht zur Zeit eine ganz gegenläufige Tendenz. Wir bemerken also, wie wichtig das ist, was diese Kinder hier stiften. Es ist zeitnotwendig! Vielleicht zukunftsentscheidend!

Ich zitiere aus meinem Buch *Vom Ursprung der Sehnsucht:*

«‹Gesund› und ‹krank› in der landläufigen Bedeutung, das sind verbrauchte Redensarten, die einer gründlichen Überprüfung bedürfen. Warum bedürfen sie einer gründlichen Überprüfung? Ein ganz entscheidender Punkt ist der, dass man heute bei Gesundheit automatisch Leidensfreiheit assoziiert. Abwesenheit von Leiden. Und weil Konflikte, gleich welcher Art, notgedrungen eine gewisse Leidenskomponente haben, ist der Anspruch auf Leidensfreiheit immer auch ein Anspruch auf Konfliktfreiheit. Man definiert Gesundheit reflexartig als den Zustand, in dem man kein Leid mehr ertragen und keine Konflikte mehr bewältigen müsste. Also wäre gesundheitshalber alles dasjenige zu begrüßen, was sich eignen würde, Leid und Konflikte von den Menschen und leid- und konfliktbehaftete Menschen von der Menschheit abzuwenden. Somit gilt die Gleichung: Individuelle Gesundheit ist gleich Abwesenheit von Leid und Konflikten. Daraus folgt zweitens: Volksgesundheit ist gleich Abwesenheit von leid- und konfliktbehafteten Individuen. Das ist die notwendige Folgerung. Verfolgt man diese Spur weiter, drängt sich früher oder später die Überlegung auf, ob es nicht eigentlich ethisch gerechtfertigt, ja geboten wäre, Leidensveranlagungen, Konfliktpotentiale so früh wie möglich, also idealiter schon im Vorgeburtlichen, ausfindig zu machen, zu prognostizieren und entweder korrigierend einzugreifen, oder falls keine Korrektur möglich ist, das absehbar leidbehaftete Leben gar nicht erst zuzulassen. Angeblich aus vorauseilenden Mitleidserregungen, in Wahrheit doch nur aus ‹sozialhygienischen› Gründen, die sich bei genauem Hinsehen als bilanzbuchhalterische erweisen. Wäre allgemeine Konflikt- und Leidensfreiheit nicht ungemein kostensparend? Der ganze Sozial-, Heil-, Beratungs- und Pflegeklimbim entfiele.»*

Sie wissen, dass Bestrebungen in diese Richtung heute nichts Ungewöhnliches mehr sind. Es zeichnet sich da wahrhaftig eine kulturgeschichtliche Regression gespenstischen Ausmaßes ab, ein Rückfall vor die Errungenschaft des Gesellschaftsvertrags der gegenseitigen Hilfe. Doch eine Gesellschaft befindet sich sozialethisch nur dann auf der Höhe der Zeit, wenn sie ihre Verantwortung für die Schwachen als Größe setzt, die im Zweifelsfall Priorität vor allen anderen Interessen und Bestrebungen hat. Diesem Prinzip – und damit schließt sich der Kreis – steht der defektorientierte Ansatz in der Heilerziehung, in der Medizin, in der Therapie entgegen. Es ist nicht sogleich offensichtlich, aber bedenken Sie: Der Reparaturansatz möchte von der Grundgebärde her die Leidenden nicht in die Mitte nehmen, sondern *Leid eliminieren*. Wir alle werden von dieser Zeittendenz bedrängt. Dann ertappt der eine Therapeut den anderen und sagt: «Was machst du hier? Bist du sicher, dass das Kind *deine* Normalitätsvorstellungen *will?*» Wir müssen da ein bisschen aufeinander achtgeben, und zuerst natürlich jeder auf sich selbst. Das Maschinendenken fällt uns alle zuweilen an. Oder besser gesagt: Es schleicht sich ein.

* Henning Köhler: *Vom Ursprung der Sehnsucht.* Stuttgart ²2001.

Ich möchte als Beispiel die vielen Kinder nennen, die heute einfach Angst haben vor dem Leben, vor allem Unbekannten und Neuen, vor tausend Dingen, aber doch wieder vor nichts Bestimmtem; die offenbar schon an der Schwelle zurückgeschreckt sind vor dem Hineingehen in diese Welt und deshalb immer diesen Ausdruck von Erschrockenheit zeigen. Das sind Kinder, die im weiteren Leben oftmals allergische Probleme bekommen. Sie leiden unter Einschlafschwellenängsten, Verlassenheitsängsten oder Ängsten, ihren Eltern könnte etwas passieren. Es gibt meistens keinen äußerlich ersichtlichen Grund für diese Angstverfassung. Morgens wollen sie nicht in die Schule gehen. Es handelt sich um eine Verfassung, die durchaus dem ähnelt, was Rudolf Steiner im *Heilpädagogischen Kurs* als kindliche Hysterie beschreibt. Das nimmt zu. An uns wird dann die Bitte herangetragen, etwas zu unternehmen, damit die Ängste des Kindes verschwinden. Statt Psychopharmaka, aber bitte mit demselben Effekt, sollen wir nebenwirkungsfreie heilpädagogische Techniken anwenden, um aus einem ängstlichen Kind ein unerschrockenes zu machen. Ja, da haben wir wieder dieses Dilemma. Nun müssen wir versuchen, allen Beteiligten klarzumachen, dass wir gar nichts Dümmeres tun könnten, als «die Angst wegzutherapieren». Angenommen, wir wären dazu imstande: Wir dürften es gleichwohl nicht! Denn die Angst ist ja nur das Vordergründige. Weil in unserer Zeit die

Menschen *Angst vor der Angst* haben, nicht mit der Angst konfrontiert werden wollen, auch nicht in Person eines Kindes, sehen sie nur, ihrerseits erschrocken, die äußere Symptomatik. Und es stellt sich reflexartig der Wunsch ein, diese Symptome müssten verjagt werden, wie man Ungeziefer verjagt. Aber die Angst ist ja nur der Schattenwurf von wunderbaren Fähigkeiten, die wir gleich mit verjagen würden, wenn uns nicht Gescheiteres einfiele, als die Angst irgendwie mit einem Kunstgriff oder einem Trainingsprogramm zu beseitigen. Die tendenziell hysterischen Kinder des ängstlich-allergischen Grundtyps sind ungeheuer fürsorgliche Wesen mit einer hohen sozialen Sensibilität und einem ausgeprägten Verantwortungsgefühl. Sehr, sehr feinfühlig, um nicht zu sagen hellfühlig, sind sie in ihrer überzarten, erschrockenen Grundverfassung, verfügen über enorme Empathiekräfte, Mitleidskräfte. Aber man erträgt nicht, dass das Kind so viel Angst hat. Man will ein anderes Kind. Nimmt man aber, gebannt vom Schattenwurf, die schönen Fähigkeiten nicht wahr oder schätzt sie gering, dann kränkt man das Kind, tief innen kränkt man es, indem man bereit ist in Kauf zu nehmen, dass mit der ärgerlichen Angst auch gleich die kostbaren Wesenszüge «wegoperiert» werden. Die wahre therapeutische Frage lautet: Wie können wir die hinter der Angst noch verborgenen, von der Angst wie zugedeckten *Kompetenzen* des Kindes behutsam freilegen oder hervorlocken?

Daniela mag ein zaghafter, tendenziell ängstlicher Mensch bleiben, warum denn auch nicht, es gibt solche und solche Wesensarten, und wir haben kein Recht, daran zu rühren. Aber es darf nicht geschehen, dass die Angst alles zudeckt. Daniela muss umgehen lernen mit ihrer Angst, damit sich die dahinter noch schlummernden Kompetenzen herausschälen können. Und hier brauchen wir nun erstens viel Zeit und zweitens viel Fingerspitzengefühl. Das Kind muss Vertrauen fassen. Nur auf einer Freundschaftsebene kann seelentherapeutisch, kann heilpädagogisch gearbeitet werden. Steinbearbeitung ist etwas sehr Hilfreiches für ängstliche Kinder, eine ermutigende Erfahrung: Der Stein fügt sich meinem Willen. In gestalterischen Prozessen können kleine Schritte ins Unbekannte, Ungesicherte angeregt werden. Im szenischen Spiel ist manches Wagnis möglich, das im Leben noch nicht möglich wäre. Tastsinnpflege ist wichtig: Daniela braucht Hilfe beim Aufbau eines stabileren Körpergefühls oder «Haut-Ichs». Sie ist damit einverstanden, mithilfe des Therapeuten ein Märchen zu erfinden und setzt nun ihre Angst in Bildern aus sich heraus, imaginiert selbst die Erlösungsschritte.

Ich arbeite auch eng mit den Eltern zusammen und gebe ihnen praktische Ratschläge für die Lebensgestaltung zu Hause. Wissend um Danielas fürsorgliches, soziales Wesen, das sie nur nicht so recht zeigen kann, weil ihr dauernd die Angst alles verdirbt, beraten wir, welche Gelegenheiten ihr geboten werden können, um diese ihre wunderschöne Seite auszuleben. Vor allem aber halte ich die Eltern zu Wahrnehmungsübungen an, weil ich ihnen helfen will, erst einmal ihrerseits die Angst vor Danielas Angst abzuschütteln und das Mädchen auf eine neue, auf eine unverkrampfte, nicht mehr auf die «Symptomatik» fixierte Weise anschauen zu lernen. Das ist wichtiger als alles andere.

Die Kraft der unvoreingenommenen Aufmerksamkeit ist die eigentliche heilende Kraft. Alle Maßnahmen sind sinnlos, wenn nicht die Kraft der Liebe wirkt, da hatte Steiner hundertprozentig Recht. Man kann ohne Liebe Symptome wegkurieren, das geht schon. Irgendwann aber brechen sie dann irgendwie wieder hervor.

Man kann sagen, dass aus der Heilpädagogik eine neue Ethik erwachsen will. Dazu gehört, wie gesagt, die Maxime, dass die Hilfebedürftigen in die Mitte genommen werden müssen und alles andere demgegenüber zurückzutreten hat. Aber das ist erst der Anfang. Denn im Weiteren erhebt sich ja die Frage: Was ist denn überhaupt «schwach» und «stark»? Wir müssen unsere Bewertungen überprüfen, unsere Auffassungen von schwach und stark, wichtig und unwichtig, bedeutsam und unbedeutsam, begabt und unbegabt. Die Maßstäbe sind heute verzerrt. Es sind ganz bestimmte, höchst fragwürdige Kriterien, die wir alle in den Köpfen haben in Bezug auf ein «gelungenes» Leben. Ein Mensch steigt im Wert, je mehr er «sich

durchsetzt», je höher er auf der Rangleiter der Eitel-keiten klettert, je besser er verdient, je mehr Aufsehen er mit seinen Leistungen erregt. Es wird überhaupt nicht mehr in Betracht gezogen, dass Menschen ganz im Kleinen, ohne dass sie in irgendeiner Weise als Willensgiganten in Erscheinung treten, allein durch ihr Dasein Unerhörtes bewirken können.

James Hillman, ein psychologischer Querdenker, Verfasser des außergewöhnlichen Buches *Charakter und Bestimmung*, gibt zu bedenken, dass in vielen alten Kulturen Kinder, die aus der Rolle fielen, die sich ungewöhnlich benahmen, von den Weisen ganz besonders beobachtet wurden. Sie wurden als Götter-boten gesehen. Man beobachtete sie intensiv, um einen Raum der Aufmerksamkeit zu schaffen für das, was durch sie zum Vorschein kommen wollte. Es ist also kulturgeschichtlich ein altes Prinzip, eine altehr-würdige Wahrheit, die wir nun in unserer Zeit wieder-gewinnen müssen.

Die Sorgenkinder bewirken noch ein Weiteres: Sie entzünden in uns den Wunsch, einen Blick hinter den Schleier zu werfen, durch die äußere Erscheinung hindurch etwas zu erfassen. Dieser Wunsch ist, wenn man mit Seelenpflege-bedürftigen Kindern umgeht, ganz elementar da, man darf ihn nur nicht verdrängen. Man kann ja diese Schicksale eigentlich nicht fassen. Man trifft in der Heilpädagogik Kinder an – ich spre-che jetzt von schweren Behinderungen, Mehrfachbehinderungen –, denen gegenüber zunächst nur zu bleiben scheint, vor dem Unfasslichen zu kapitulieren, wütend auf die – vermeintliche – Ungerechtigkeit des Schicksals. Da müsste man stehen bleiben, bei diesem Kummer und diesem Groll gegen Unbekannt, gegen Gott oder sonst wen, wenn man nicht die Möglichkeit wenigstens in Betracht ziehen könnte, dass ein solches Leben vielleicht in einem viel größeren Zusammenhang steht; dass es ein Intermezzo sein könnte in einem geheimnisvollen, großen Geschehen, von dem wir nur eine Momentaufnahme erhaschen, indem wir das Kind jetzt in dieser Verfassung vor uns sehen und ein Stück weit begleiten.

Wenn ein Mensch in einer bestimmten Lebensphase in eine schwere Krise gerät, dann begreifen wir diese Krise als einen Gärungsprozess, wie eine neue Kindheit, als Chance für einen Neubeginn, und in diesem Sinne sehen wir uns als Krisenbegleiter. So müssen wir eben auch diejenigen Kinder anschauen lernen, die ein ganzes Leben lang zwischen Geburt und Tod mit einer schweren Behinderung belastet sind. Wir müssen uns beständig meditierend vertiefen in die Vorstellung – zunächst ist es eine Vorstellung –, dass dieses Behindertenleben ein krisenhafter Ausschnitt aus einem viel, viel größeren Gesamtgeschehen ist, ein Kapitel in einer großen, lange Zeiträume umspannenden biographischen Erzählung; dass sich da in der Gebrechlichkeit, Zerbrechlichkeit, Verkrüppelung, intellektuellen Zurückgenommenheit, «Verrücktheit» etwas vorbereitet, was einst hell erstrahlen wird, ja sogar im Verborgenen jetzt schon hell strahlt für den, der zu sehen vermag. Denn die Zukunft ist immer schon anwesend.

Eine «epische» Perspektive müssen wir einnehmen, wenn ich das einmal so sagen darf. Dann ändert sich unser Blick, es ändert sich unsere Haltung und schließlich das Umgehen mit dem Kind. Das ist natürlich zunächst eine Hypothese. Doch in all den Jahren des Umganges mit ungewöhnlichen Kindern verdanke ich der denkenden und meditativen Vertiefung in diese Möglichkeit am meisten, vor allem was diejenigen Schicksale betrifft, die mich sehr getroffen haben. Die Hypothese hat sich bei mir im Laufe der Jahre zu einer Gewissheit verdichtet, die ich jetzt nicht genauer beschreibe. Nach anfänglich großer Skepsis ist mir der Gedanke immer näher gerückt und hat immer mehr den Charakter eines Erlebnisses angenommen (ohne dass ich Hellsichtigkeit für mich beanspruchen konnte), dass das, was in diesem Leben geschieht, nur ein Ausschnitt ist. Es geht weiter. Das letzte Wort ist noch lange nicht gesprochen. Ein so genanntes Behindertenleben ist nur ein krisenhaftes Zwischenspiel (manchmal aber auch ein ganz gemütliches, gar nicht krisenhaftes Zwischenspiel, nicht wahr?) in einem großen, unermesslich großen Gesamtgeschehen, und wir sind die Krisenbegleiter. In der Krise fristet der

König ein Bettlerdasein. Es ist unsere Aufgabe, den König im Bettler zu sehen. Vieles hängt davon ab, was wir denken, fühlen, tun. Das Allerschlimmste ist zu denken: «Da ist nichts mehr zu machen. Das Kind kann man nur noch durchtragen.» Das ist eine innere Haltung, die unzumutbar ist für einen Menschen. Es gibt keinen Menschen, egal wie behindert, den das nicht tief innerlich verletzen würde.

Ein zweites Bild ist mir zu einer ständigen Quelle der Kraft und der Hoffnung in meinem Beruf geworden. Es handelt sich um eine spirituelle Tatsache von außerordentlicher Tragweite für das ganze Verständnis menschlicher Biographien. Nur ein Teil des menschlichen Wesens stellt sich in unsere Erdenverhältnisse hinein und durchläuft den Weg durch die Zeit, den Weg von der Geburt bis zum Tod. Ein anderer Teil des menschlichen Wesens enthält sich gleichsam diesem Prozess vor und bleibt an der Schwelle zurück. Vor der Geburt sieht das Kind in einer Art hellsichtiger Überschau seinen Lebensweg im Grundriss vor sich, sieht die Hindernisse, denen es begegnen wird, die Aufgaben, die es ergreifen will. Aber man darf sich nicht vorstellen, dass nun einfach das geistig-seelische Wesen als Ganzes in der linearen Zeit die Schwelle überschreitet, heruntersteigt auf die Erde und den Weg von der Geburt zum Tod geht und dabei immer älter wird. Es handelt sich um eine viel komplexere Dynamik. Wir können sie gleichsam imaginativ erfassen, wenn wir uns deutlich machen, dass der Mensch sich gewissermassen spaltet im Geburtsgeschehen. Ein Teil seines Wesens tritt den Erdenweg an mit allen Belastungen, mit allen Hindernissen, mit allen Irrungen und Wirrungen. Ein anderer Teil bleibt an der Schwelle zurück, in der Obhut des Engels, und geht diesen Weg nicht mit. Dieser Teil bleibt aber nicht untätig. Wir können uns vorstellen, wie aus dem Refugium, in dem der Mensch als Ungeborener zurückbleibt, ein Licht hineinströmt in dieses Erdengeschehen.

Und dieses Licht, das da hereinstrahlt, kann man benennen. Wir alle kennen es. Wir bezeichnen es als Sehnsucht oder Hoffnung. Das, was immer wieder als Hoffnungskraft, als Sehnsuchtskraft aufstrahlt, noch bevor es sich an irgendein Objekt oder konkretes Ziel bindet, das strahlt herein aus dem Raum der Ungeborenheit.

Über den im Ungeborenen verbleibenden Menschen hat nun Rudolf Steiner etwas Bemerkenswertes mitgeteilt. Sie haben vielleicht schon einmal von der Trinität des Bösen gehört, von der Trinität der destruktiven oder auch «bösen» Kräfte. Wir verdanken Rudolf Steiner eine Art *Anatomie der menschlichen Destruktivität* – die Formulierung stammt von Erich Fromm, der ebenfalls eine solche, in manchen Punkten übereinstimmende «Anatomie» entwickelte –, wobei er (Steiner) bestimmte Kräftezusammenhänge bzw. Wesenswirksamkeiten unterscheidet. Die eine Kraft bezeichnet Steiner als ahrimanisch und beschreibt damit, sehr vereinfacht gesagt, alles dasjenige, was den Menschen in die Richtung der seelischen Verhärtung, in die Richtung des kalten, intellektuell Berechnenden führt. Die luziferische Destruktivität dagegen geht mehr in die Richtung des Schwärmerischen, des im Grunde genommen herzlosen Euphorischen, das rücksichtslos agiert, in Richtung des Manischen. Und es gibt eine dritte Form der Destruktivität, welche die beiden anderen Kräfte noch überbietet. Steiner beschreibt sie als asurisch. Diese Kraft greift unmittelbar die Ichheit des Menschen an. Ein Beispiel ist die schwarzmagische Initiation, in deren Verlauf Lust daran empfunden wird, beseelten Wesen (zuerst Tieren, dann Menschen) Schmerz zuzufügen, sie zu quälen, schließlich zu töten.

Steiner hat immer wieder und wieder betont, dass heute das Denken den Menschen – und besonders das Denken des Menschen über den Menschen – von den ahrimanischen Kräften in die Irre geführt wird. Diese Kräfte sind in der gegenwärtigen Zeit besonders stark, sie stellen die offenkundigste, unmittelbarste Bedrohung dar, indem sie uns in die Mechanisierung führen, in das reiche Nützlichkeitsdenken, in die soziale Kälte und uns dafür einen großen Scharfsinn verleihen. Diese Gefahr liegt heute über der westlichen Kultur. Über den östlichen Kulturen liegen andere Gefahren, über der westlichen liegt vor allem diese. Mein immer wieder vorgetragener Appell, in der Heilpädagogik Schluss zu machen mit dem defektorientierten Blick auf besondere Kinder, hat etwas damit zu tun, dass wir den heilpädagogischen Kulturimpuls anfällig machen für ahrimanische Entstellungen, wenn wir uns nicht beherzt gegen einen funktionalistischen, mechanistischen Therapiebegriff und eine entsprechende Diagnostik verwahren. Wir dürfen den Kindern, vor allem ihnen, gar nicht mit einer solchen Gesinnung entgegentreten!

Was und wie wir denken und fühlen, ist Realität – und zwar nicht nur unsere private «innere» Realität. Es gibt eine Ebene, wo das Denken Realitätscharakter annimmt, realen Mitteilungscharakter, Wirksamkeitscharakter. Man behält es als Wirklichkeit gar nicht für sich. Die Kinder nehmen «atmosphärisch» wahr, atmen gleichsam ein, *wie* in ihrem unmittelbaren Lebensumkreis gedacht und gefühlt wird. Das ist die eine Ebene. Aber auch die Geistesverfassung der Kultur, in der es aufwächst, nimmt das Kind auf diese Weise wahr, dass es sie gewissermaßen atmet. Und wir müssen uns klar darüber sein, dass nicht nur die physikalische, sondern auch die geistige «Luft» vergiftet sein kann. Sie kann z.B. ahrimanisch vergiftet sein, im Großen wie im Kleinen, und das ist für Kinderseelen ein ziemlich schlimmes Gift. Gegenwärtig ist genau dies der Fall, darüber brauche ich keine großen Worte zu verlieren. Spirituell gesehen leben wir in einer Zeit der atmosphärischen Vergiftung durch das ahrimanische Prinzip. Was kann man dagegen unternehmen?

Einiges habe ich schon gesagt im Verlaufe dieses Vortrages und will das Folgende noch hinzufügen: Rudolf Steiner beschreibt, dass es, mit meinen Worten ausgedrückt, dem «ahrimanischen Feld» sehr zustatten kommt, wenn Gedanken über die Unsterblichkeit überall herumschwirren. Das gerät nicht in Kollision mit dem ahrimanischen Prinzip, denn es lässt sich beispielsweise in technologische oder genetische Allmachtsfantasien umlenken, zur Science-Fiction hinbiegen. Aber, so Steiner, einen furchtbaren Schrecken bedeutet es für die ahrimanischen Mächte, wenn sie das Wort «Ungeborenheit» in den Weltenäther – in die Sphäre, wo die Gedanken weben – eingeschrieben finden. Da geht für sie das Licht aus, sagt Steiner, da taumeln sie, verlieren den Boden unter den Füßen. Ein grandioses Bild, dem wir entnehmen können, dass es ein Zeichen des ahrimanischen Gegenwartswirkens ist, die Menschen davon abzuhalten, *die Ungeborenheit zu denken*. Oder andersherum gesagt: Das Bemühen, in imaginativen Bildgestaltungen, in denkerischem Bemühen oder auf meditativem Wege sich dem Phänomen der Ungeborenheit, wie ich es vorhin schon anklingen ließ, zu nähern, trägt dazu bei, die übersinnliche Atemluft von den ahrimanischen Rußpartikeln zu reinigen und dadurch den Kindern das geistig-seelische Atmen leichter zu machen. Dies kann ganz konkret und unmittelbar dem mechanistischen, anti-sozialen Prinzip der Gegenwart von der denkerischen Seite her entgegengesetz werden: «die Ungeborenheit (zu) denken» (Steiner). Und ich stelle hier einfach ein-mal die Behauptung auf: Es ist objektiv unvereinbar, «die Ungeborenheit zu denken» und gleichzeitig in den elenden Maschinen- und Defektkategorien der heutigen Seelenwissenschaft über besondere Kinder zu denken. Das eine schließt das andere kategorisch aus. Aber das müssen Sie selbst in Erfahrung bringen.

Wir müssen weg von all den «Maßnahmen», die ja doch zumeist *Normalisierungs*maßnahmen sind. Von diesem berechnenden Maß-Nehmen, in Manipulations-absicht, seien wir ehrlich. Wir müssen hinaus kommen über eine nur äußerliche Milieupflege. Es ist wichtig, die Jahresfeste zu feiern, die Räume zu gestalten, das Kind auf besondere Art in den Schlaf zu geleiten und so weiter. Das sind heilpädagogische Themen, die man im Einzelnen vertiefen muss. Mit echtem Engagement und aus Erkenntniskräften müssen wir das tun, sonst nützt es nichts. Pädagogische Milieupflege hängt *in erster Linie* davon ab, aus welchem *Geist* dies alles ge-schieht. Erst wenn wir uns eine spirituelle Gesinnung erobern können, die das *Inkarnationsgeschehen* in den Mittelpunkt stellt, können wir uns dem Geheimnis der *Reinkarnation* verstehend nähern.

Wir sind aufgerufen, die ungewöhnlichen Kinder in ihrem unverzerrten Wesenskern nicht nur anzuerkennen, sondern *wahrnehmen* zu lernen, damit sie in einem späteren Leben, vielleicht aber auch schon in diesem, die Früchte dessen ernten können, was in diesem Leben vorbereitet wird. Unser echtes, tiefes Verstehensbemühen ist Trost und Ermutigung im Hier und Heute. Aber es ist – so seltsam das klingt – noch viel mehr: Es ist vorgreifende Heil-Päd-Agogik, d.h. heilsame Führung des Kindes für ferne Zeiten. Wir arbeiten an den nächsten Episoden der großen biografischen Erzählung mit. So oder so.

Bildnachweis

Charlotte Fischer, Bexbach: Seite 16, 28, 42, 46, 52, 58, 68, 102 und 106

Olaf Schlote, Bremen: Seite 76, 80, 86, 90, 96 und 116

Wolfgang Schmidt, Ammerbuch: Seite 8, 12, 20, 34, 38 und 64